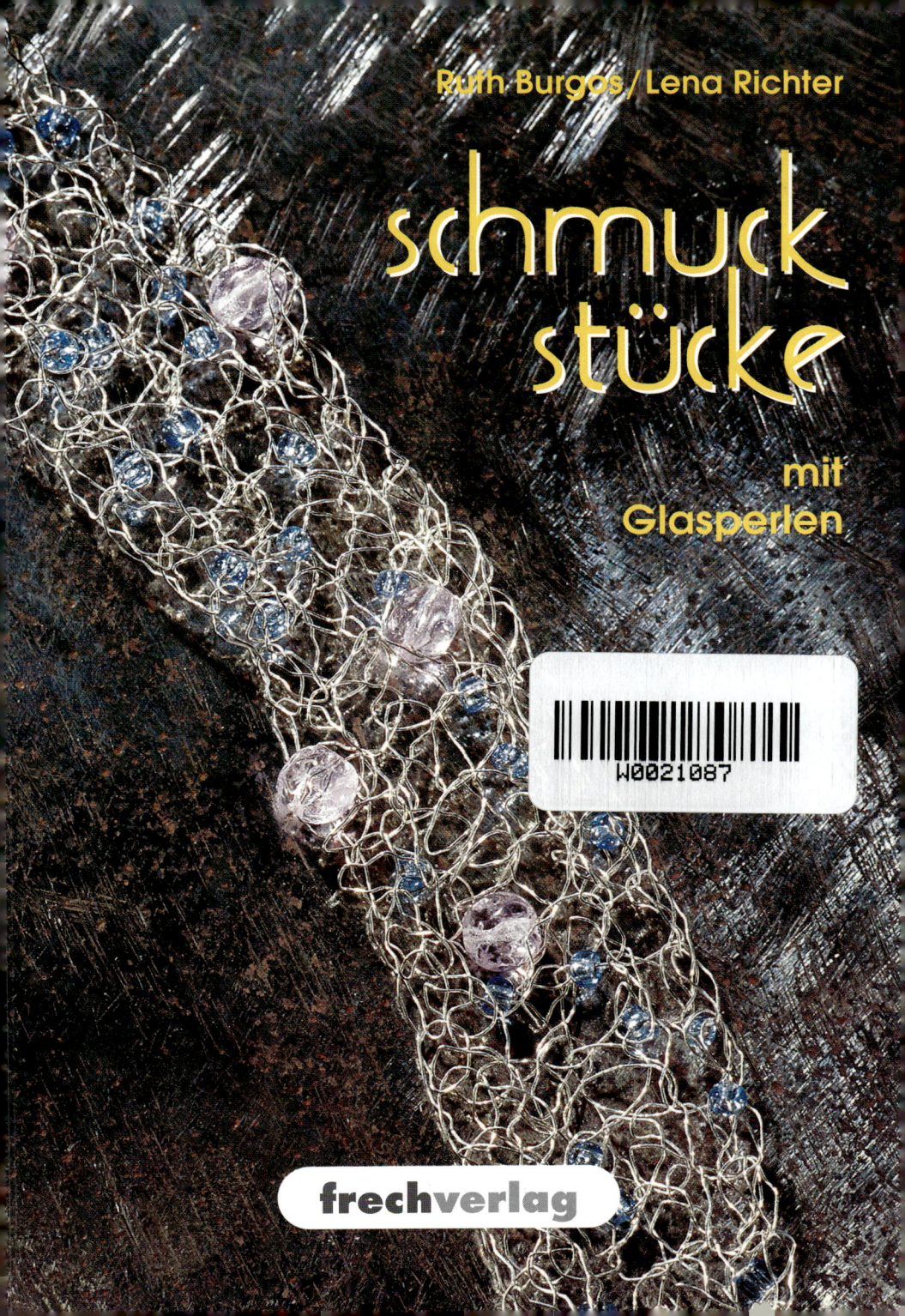

Ruth Burgos / Lena Richter

schmuck stücke

mit Glasperlen

frechverlag

Gehäkeltes Halsband (Abbildung Seite 1)

Dieses filigrane, eng anliegende Halsband wird in der auf Seite 30 genauer beschriebenen Häkeltechnik gearbeitet. Seine Länge und Breite können Sie ganz nach Ihrem Geschmack variieren. Wenn Sie möchten, können Sie dazu ein passendes Armband arbeiten.

- **Rocailles:** *Hellblau, Silbereinzug, ø 2,6 mm*
- **Glasperlen:** *Flieder, transparent, geschliffen, ø ca. 4 mm*
- *Effektdraht, silber, ø 0,2 mm*
- *Kettenverschluss, silber*
- *Häkelnadel Nr. 4*

Häkeln Sie zunächst aus einem sehr langen Stück Draht eine Reihe Luftmaschen. Sie sollte so lang sein, dass sie gut um Ihren Hals passt, aber dennoch anliegt. Nun häkeln Sie vier Reihen darüber, wobei Sie immer wieder eine oder mehrere Perlen auf den Draht nehmen (vom Drahtende her auffädeln) und mit einhäkeln. Achten Sie dabei darauf, die Perlen gleichmäßig zu verteilen. Wenn Sie fertig sind, zwicken Sie den Draht ab und ziehen ihn durch die letzte Masche.

Nun bringen Sie an beiden Enden in der Mitte des Halsbandes zwei ca. 10 cm lange Drähte an. Verdrehen Sie diese gleichmäßig miteinander und formen Sie jeweils eine Öse, in die Sie je ein Teil des Verschlusses einhängen. Den überstehenden Draht verdrehen Sie einige Male unter der Öse und zwicken die Enden ab. Abschließend müssen Sie die Enden nur noch andrücken und schon ist das ausgefallene Halsband fertig.

Drahtkette in Orange (Abbildung Seite 3)

- **Glasperlen:** *Hell- und Dunkelgrün, Gelb, Hell- und Dunkelorange, rechteckig*
- *Quetschperlen, silber*
- *Nylonummantelter Stahldraht, silber*
- *Karabinerverschluss mit Kalotte, silber*

Auf sechs zwischen 46 und 47 cm lange Drähte werden im vorderen Drittel der Kette (ca. 13 cm von den Enden entfernt) die Perlen im Abstand von ca. 8 cm aufgezogen. Auf drei Drähten werden zwei, auf den anderen drei Drähten drei Perlen angebracht. Achten Sie darauf, die Farben gleichmäßig zu verteilen. Dabei können Sie sich an der Abbildung orientieren (siehe auch Seite 7/8).

Wir danken den Firmen Knorr Hobby GmbH und Alfred Prandell GmbH, Lichtenfels, und Rayher Hobby GmbH, Laupheim, für die freundliche Unterstützung.

Fotos: frechverlag GmbH + Co. Druck KG, 70499 Stuttgart; conAction, Frank Busch, Stuttgart

Auflage:	5.	4.	3.	2.	1.	Letzte Zahlen
Jahr:	2003	2002	2001	2000	1999	maßgebend

© 1999

frechverlag GmbH + Co. Druck KG, 70499 Stuttgart

ISBN 3-7724-2577-1 · Best.-Nr. 2577   Druck: frechverlag GmbH + Co. Druck KG, 70499 Stuttgart

Schmuckstücke aus Glasperlen

Sich zu schmücken zählt zu den menschlichen Grundbedürfnissen. Vor Jahrhunderten diente Schmuck in erster Linie als Auszeichnung einer Person und gab Auskunft über deren Herkunft, Besitz und Rang. Amuletten und Schmuck wurden schützende und Glück bringende Kräfte nachgesagt. Außerdem fungierten Schmuckstücke und Perlen als Wertanlagen und Zahlungsmittel.

Für Frauen von heute bedeutet Schmuck eine Ergänzung zur Kleidung, in der Individualität und Persönlichkeit ihren Ausdruck finden. Dementsprechend sorgfältig wird er ausgewählt. Modeschmuck, der etwas individueller aussieht, ist nicht ganz billig, und nicht immer findet sich ein Schmuckstück in den Geschäften, das zur Kleidung passt. Was liegt also näher, als Schmuck selbst anzufertigen?

Sie kennen sich am besten und wissen auch am besten, was zu Ihnen und Ihrer Garderobe passt. Lassen Sie sich von uns inspirieren und kreieren Sie Ihre eigenen „Designerstücke"!

Viel Freude wünschen Ihnen

Ruth Burgos und Lena Richter

MATERIALIEN

Schmuckteile

Im Fachhandel erhalten Sie eine große Auswahl unterschiedlichster Schmuckteile. Ausgefallene Perlen finden Sie auch auf Flohmärkten. Das Stöbern und Sammeln macht nicht nur riesigen Spaß, Sie stoßen dabei auch auf die ungewöhnlichsten Farben und Formen, die zu immer neuen Kreationen anregen.

Rocailles: Glasperlen mit 2,0 / 2,5 oder 2,6 mm Durchmesser. Diese erhalten Sie transparent, mit Silbereinzug, opak, gelüstert, metallic oder hexagonförmig.

Diverse Glasperlen: Größere Glasperlen in den verschiedensten Formen, Farben und Größen. Sie erhalten maschinell hergestellte oder handgearbeitete Perlen in

großer Auswahl. Zahlreiche Hersteller bieten Glasperlen-Mischungen an, die eine Vielzahl verschiedener Perlen enthalten. Genaue Angaben finden Sie bei den jeweiligen Objekten. Diese sollen Ihnen jedoch nur als Anregung dienen, Sie können Farben, Formen und Größen selbstverständlich ganz nach Ihrem Geschmack variieren.

Glasstifte: Für die Modelle dieses Buches haben wir 2 mm lange Glasstifte mit Silbereinzug verwendet. Sie sind in vielen Farben, die oft mit denen der Rocailles identisch sind, erhältlich. So können Sie sehr schön Schmuckstücke Ton in Ton arbeiten.

Metallelemente: Nickelfreie Metallelemente in Mattgold und -silber gibt es als Oval, Röhre, Kreis, Blume, Stern oder Herz. Sie passen sehr gut zu Drahtketten und lockern die Perlenarbeiten auf. Sie verleihen Ihren Objekten das Flair von Designerschmuck und können sowohl verspielt als auch edel wirken, je nachdem, mit welchen weiteren Materialien sie kombiniert werden.

Quetschperlen: Sie werden benötigt, um Perlen oder Metallelemente auf Stahldraht zu fixieren und sind in Gold und Silber erhältlich. Wir haben Quetschperlen mit 2 mm Durchmesser verwendet.

Pailletten: Es gibt Pailletten in vielen Farben und Größen. Wir haben glatte Pailletten mit 8 mm Durchmesser verarbeitet.

Faden und Draht

Polyesterfaden: Bei einigen Techniken benötigen Sie feines Garn, welches auf jeden Fall reißfest sein sollte.

Nylon- oder Perlonfaden: Dieser Faden ist sehr reißfest und eignet sich für feine Fädeltechniken. Für unsere Arbeiten haben wir transparenten und schwarzen Faden mit 0,25 mm Durchmesser verwendet.

Perlendraht: Der Draht ist sehr stabil, allerdings auch etwas fest. Deshalb eignet er sich nur für nicht zu feine Arbeiten mit etwas größeren Perlen. Er hat den Vorteil, dass er sich gut verschweißen lässt, indem Sie ihn kurz über ein Feuerzeug oder Streichholz halten. So können sich Knoten nicht mehr lösen. Wir haben Perlendraht mit 0,40 mm Durchmesser in Schwarz verarbeitet.

Kunststoffummantelter Stahldraht: Dieser Draht besteht aus einem Stahlkern, der mit silbernem, goldenem oder blauem Kunststoff ummantelt ist. Er wird auf Rollen verkauft und eignet sich sehr gut zur Herstellung mehrreihiger Ketten oder Armbänder. Um Teile auf ihm zu befestigen, benötigen Sie Quetschperlen und eine flache Zange.

Diverse Drähte: Auch mit Silber- oder Kupferdraht lassen sich wunderschöne, grazile Schmuckstücke herstellen. Dafür können Sie Silberdraht (ø 0,25 mm oder 0,35 mm) oder silbernen bzw. kupferfarbenen, gekrinkelten Effektdraht (ø 0,2 mm) verwenden.

Haken und Verschlüsse

Ohrhaken: Sie sind ebenfalls in verschiedenen Formen sowohl in Gold als auch in Silber erhältlich.

Verschlüsse: Der Fachhandel bietet eine Vielzahl unterschiedlicher Verschlüsse für Ihre selbst gearbeiteten Schmuckstücke an. Sie erhalten gold- und silberfarbene Schraubenschließen, Karabinerhaken, Collierschließen mit mehreren Ösen, Verschlüsse mit Kalotten usw.
Wenn Sie keinen fertigen Verschluss verwenden möchten, können Sie auch einen individuellen aus großen Perlen selbst herstellen, der wie ein zusätzliches Schmuckelement wirkt.
Verschluss und Schmuckstück sollten in jedem Fall gut aufeinander abgestimmt sein, damit ein harmonischer Gesamteindruck entsteht.
Beachten Sie bitte, dass breite Bänder oder Halsketten einen Verschluss mit mehreren Ösen benötigen, damit sie auf ihrer gesamten Breite geschlossen werden können. Verwenden Sie hierfür mehrreihige Collierschließen oder fertigen Sie einen Verschluss aus zwei Perlen an.

Werkzeuge und Hilfsmittel

Schere zum Zuschneiden der Garne;
Nagelschere zum Kürzen und Kappen von Fäden;
Seitenschneider zum Abzwicken von Draht;
Flachzange, glatte Rund- bzw. Kettelzange oder gebogene Telefonzange zum Auf- und Zubiegen von Ösen oder Drahtschlaufen und zum Zusammendrücken von Quetschperlen und Kalotten;
dünne Näh- oder Sticknadel mit kleinem Öhr oder **Perlfädelnadel;**
spezielle, sehr dünne **Perlenwebnadel** in verschiedenen Längen;
Häkelnadel, Stärke ca. 3,5-4,0;
Maßband;
Sekundenkleber zum Sichern von Knoten;
Klebefilm zum vorübergehenden Fixieren der Perlenstränge während des Arbeitens;
Perlenwebrahmen zum Weben von Bändern.

AUFBEWAHRUNG

Eine übersichtliche Aufbewahrung der benötigten Materialien erleichtert die Arbeit, denn bei den vielen Kleinteilen kann man schnell den Überblick verlieren. Wichtig ist, dass die Perlen und alle weiteren Materialien vor Staub geschützt werden und die Behälter kippfest und gut verschließbar sind.

Besonders praktisch sind Sortierkästen für Schrauben, Nägel etc., die in Baumärkten erhältlich sind.

Achten Sie darauf, dass die einzelnen Boxen transparent sind, denn so werden die Farben nicht verfälscht und Sie finden die gewünschten Perlen schneller.

Das abgebildete Köfferchen hat den großen Vorteil, dass sich die transparenten Kästchen einzeln entnehmen lassen. So können Sie die benötigten Perlen zum Arbeiten herausnehmen. Wenn Sie Schmuckteile für ein Objekt auswählen, stellen Sie einfach die Kästchen nebeneinander, so sehen Sie schnell, welche Perlen gut harmonieren.

Sie können die Perlen aber auch in transparenten Filmdöschen o. Ä. aufbewahren, die allerdings recht leicht kippen können.

Für Werkzeuge, Draht, Klebstoff etc. können Sie einen größeren Sortierkasten aus dem Baumarkt verwenden, dessen Boxen nicht einzeln entnehmbar sein müssen.

ARBEITSPLATZ

Sie können an jedem ausreichend großen Tisch arbeiten. Wichtig ist nur eine wirklich gute Beleuchtung, denn das Arbeiten mit den kleinen, glitzernden Perlen ist für die Augen recht ermüdend.

TIPP

Um dem Ermüden vorzubeugen, sollten Sie immer wieder von Ihrer Arbeit aufschauen und die Augen im Raum wandern lassen.

Auf einer extrem glatten Oberfläche kullern die Perlen leicht weg. Legen Sie ggf. etwas Stoff in einer neutralen Farbe, eine Cuttermatte o. Ä. auf Ihre Arbeitsfläche.

Achten Sie außerdem auf eine gute Sitzposition. Sie sollten möglichst nicht zu gebeugt über Ihrer Arbeit sitzen, da sonst Schultern und Nacken schnell verspannen.

TIPP

Stellen Sie zum Arbeiten nur die Materialien vor sich, die Sie für Ihr Schmuckstück benötigen. Steht zu viel auf Ihrem Tisch, kann es schnell passieren, dass Sie ein Döschen umstoßen. Zudem laufen Sie so nicht Gefahr, aus Versehen falsche Perlen mit einzuarbeiten, die später das Gesamtbild stören.

Für viele Schmuckobjekte werden Glasperlen und Metallteile einfach auf dünnen Draht oder Polyesterfaden aufgezogen.

Mit einem Faden oder Drahtstück können Sie sehr hübsche Ketten arbeiten, die vom Farben- und Formenspiel der Perlen bestimmt werden.

Mit mehreren Fäden oder Drähten haben Sie die Möglichkeit, kleine Colliers herzustellen.

Für Schmuckstücke in dieser Technik benötigen Sie folgende Hilfsmittel:

- Seitenschneider
- Rund-, Kettel-, Flach- oder Telefonzange
- Schere
- Maßband
- Sekundenkleber
- Evtl. Klebefilm

Wie die Ketten und Bänder genau gefädelt werden, erfahren Sie in den Beschreibungen der einzelnen Schmuckteile.

Sie finden zu den einzelnen Objekten in diesem Buch zwar genaue Längenangaben, sollten aber in jedem Fall den Umfang Ihres Halses bzw. Handgelenkes abmessen, damit das Schmuckstück auch optimal passt. Dabei sollten Sie beachten, dass der Verschluss Ihre Kette etwas verlängert.

DRAHTKETTEN MIT QUETSCHPERLEN

Drahtketten wirken sehr professionell und passen sich jedem Stil an. Die Schmuckteile werden mit sogenannten Quetschperlen auf dem Draht fixiert.

Innerhalb einer Stunde können Sie in dieser Technik eine wunderschöne Kette herstellen, der man bestimmt nicht ansieht, dass sie selbst gemacht ist.

Durch die verschiedenen Farben des Drahtes, unterschiedliche Längen und Anzahl der Drähte, die riesige Auswahl an Perlen und Metallteilen haben Sie viele Variationsmöglichkeiten.

Dies macht in dieser Technik hergestellte Schmuckstücke natürlich zu fantastischen Geschenken, z. B. für die beste Freundin, die garantiert gut ankommen und heiß begehrt sind!

So wird's gemacht:

Schneiden Sie zunächst die gewünschte Anzahl an Drähten in der benötigten Länge mit dem Seitenschneider zu.

Wenn Sie ein Schmuckstück aus mehreren Drähten arbeiten möchten, sollten Sie darauf achten, dass die Drähte nicht exakt gleich lang sind, da sie sonst später alle aufeinander liegen und so die einzelnen Perlen nicht zur Geltung kommen. Am besten schneiden Sie einen kürzeren und einen längeren Draht zu und variieren die Länge der dazwischen liegenden Drähte innerhalb dieser beiden Maße.

Nun beginnen Sie mit dem Aufziehen der Perlen. Überlegen Sie zunächst, ob Sie sie nur im mittleren Drittel der Kette oder aber auf der ganzen Länge anbringen möchten. Ziehen Sie dann eine Quetschperle auf, schieben Sie sie an die gewünschte Stelle und drücken Sie sie vorsichtig mit der Zange zusammen. Die Quetschperle ist nun platt gedrückt und somit fixiert.

Dann fädeln Sie eine Perle oder ein Metallelement sowie eine weitere Quetschperle auf. Diese drücken Sie in geringem Abstand von der Perle bzw. dem Metallelement zusammen. Das Teil ist nun fixiert und kann nicht mehr verrutschen.

Auf diese Weise werden alle Schmuckteile in beliebigem Abstand auf dem Draht befestigt. Dabei können Sie Ihrer Fantasie freien Lauf lassen.

Wenn Sie nun Perlen u. Ä. auf die weiteren Drähte aufziehen, achten Sie bitte unbedingt darauf, dass die Perlen später nicht alle aufeinander liegen. Fixieren Sie sie deshalb in verschiedenen Positionen.

Dabei ist es hilfreich, die Stränge immer wieder in die Hand zu nehmen, um zu überprüfen, ob die Perlen gleichmäßig verteilt sind. Sie können die Stränge dazu aber auch nebeneinander vor sich auf den Tisch legen und ggf. mit etwas Klebefilm fixieren.

Haben Sie alle Stränge fertig gearbeitet, wird der Verschluss angebracht. Überprüfen Sie vorher zur Sicherheit noch einmal, ob die Perlen gut verteilt sind und die Länge stimmt.
Ist die Kette zu lang, können Sie sie jetzt noch kürzen, indem Sie die Drahtenden auf beiden Seiten mit dem Seitenschneider abzwicken.

Dann stecken Sie jeweils die Enden so weit wie möglich in die Kalotten an den beiden Verschlussteilen, geben einen Tropfen Sekundenkleber hinein und drücken die Kalotten mit der Zange vorsichtig, aber fest zusammen.

Vorsicht!
Gehen Sie mit dem nylonummantelten Draht vorsichtig um, da er sehr empfindlich ist. Es bilden sich sehr schnell hässliche Knicke, die sich nicht mehr entfernen lassen. Deshalb sollten Sie auch die fertigen Ketten sehr sorgfältig, am besten hängend, aufbewahren.

Ensemble in Oliv und Gold

Diese längere Drahtkette wirkt vor allem gemeinsam mit den passenden Ohrringen sehr schön. Sie lebt von dem Kontrast zwischen den großen, auffälligen Perlen und den kleinen goldenen Metallteilen und Rocailles, die die Kette leicht erscheinen lassen. Auf einem schwarzen Pullover kommt sie besonders gut zur Geltung und verleiht jedem Outfit eine edle Note.

- **Rocailles:** *Oliv, Silbereinzug, ø 2,6 mm*
- **Glasperlen:** *Oliv, olivenförmig, rund und quadratisch*
- **Metallteile:** *Oval, Blume, Perle, gold*
- *Quetschperlen, gold*
- *Nylonummantelter Draht, gold*
- *Karabinerverschluss mit Kalotte, gold*
- *Ohrhänger, gold*

Kette

Die Kette besteht aus fünf zwischen ca. 57 und 61 cm langen Drähten.

Ca. 5 cm vom Ende entfernt werden die ersten Perlen aufgezogen. Bringen Sie auf einem Draht acht, auf einem sieben, auf einem fünf und auf zwei Drähten sechs Elemente im Abstand von 3 cm bis 9 cm an. Achten Sie darauf, die Perlen gleichmäßig zu verteilen.

Um das Gesamtbild aufzulockern, wurden hier einige Male fünf Rocailles aufgezogen und ebenfalls mit einer Quetschperle gesichert.
Im Inneren der Blüten und Ovale wurde zusätzlich jeweils eine Rocaille platziert. Ziehen Sie dazu den Draht zunächst nur durch ein Loch des Metallteiles, fädeln Sie die Rocaille auf und führen Sie dann den Draht durch das zweite Loch des Metallteiles.

Zum Schluss werden die Drähte auf beiden Seiten in die Kalotten am Verschluss geschoben. Drücken Sie diese fest, aber vorsichtig mit der Flachzange zusammen und sichern Sie sie mit Sekundenkleber. Bei einer so langen und recht schweren Kette ist es sehr wichtig, dass der Verschluss gut hält.

TIPP
Möchten Sie Quetschperlen sparen, können Sie die Perlen, die nicht im unteren Drittel der Kette hängen, nur unten mit einer Quetschperle sichern, da sie nach oben ja nicht verrutschen können.

Ohrringe

Schneiden Sie für jeden Ohrring ein 12 cm langes Stück Draht zu und legen Sie dieses doppelt.

Auf beide Drähte ziehen Sie eine Quetschperle und drücken sie so zusammen, dass oben eine Öse entsteht.

Fädeln Sie dann eine goldene Metallperle, eine Rocaille, eine runde Glasperle, zwei Rocailles, eine quadratische Glasperle, wieder eine Rocaille und zum Schluss ein Metalloval auf.

Bringen Sie noch eine Quetschperle an und drücken Sie diese knapp unter dem Oval zusammen.

Nun können Sie den Draht direkt unter der Quetschperle mit dem Seitenschneider abzwicken. Jetzt müssen die Ohrringe nur noch in die Ohrhänger gehängt werden.

Grün, Grün, Grün...

Fans der Farbe Grün werden von diesen beiden Ketten begeistert sein. Die Y-Kette wird aufgefädelt. Das kurze Collier wird in der gleichen Technik hergestellt, allerdings wurde statt Faden Draht verwendet. So können die großen runden Perlen in alle Richtungen gebogen werden. Hübsch sieht es auch aus, wenn Sie sie abwechselnd nach oben und nach unten biegen.

Y-Kette

- **Glasstifte:** Grün, Silbereinzug, 2 mm
- **Rocailles:** Hellgrün, transparent, ø 2,6 mm
- **Glasperlen:** 4 x Hellgrün, opak, mit goldenen Sternchen, ø ca. 6 mm; 1 x Grün, transparent, mit goldenen Sternchen, olivenförmig, ca. 1 cm lang; 2 x Dunkelgrün, transparent, olivenförmig, ca. 2 cm lang; 1 x Hellgrün, opak, kegelförmig, ca. 2 cm lang; 1 x Hellgrün, transparent, geschliffen, ø ca. 5 mm
- Karabinerverschluss, silber
- Nylonfaden, transparent, ø 0,15 mm
- Nadel mit dünnem Öhr

Ziehen Sie auf die Öse des Verschlusses eine hellgrüne Rocaille. Knoten Sie dann zwei 60 cm lange Nylonfäden an die Öse des Verschlusses und fädeln Sie auf jeden Faden drei Rocailles, einen Glasstift, sieben Rocailles, einen Glasstift und nochmals sieben Rocailles.

Dann ziehen Sie auf beide Fäden eine runde Glasperle mit Sternchen, trennen die Fäden wieder und fädeln auf jeden Faden sieben Rocailles, einen Stift, sieben Rocailles, einen Stift, sieben Rocailles. Die Fäden gemeinsam durch eine runde Perle mit Sternchen führen, Fäden trennen und jeweils sieben Rocailles, einen Stift und sieben Rocailles auffädeln.

Perle fixieren ←

Nun führen Sie beide Fäden durch die dunkelgrüne Olive und fädeln anschließend auf jeden Faden sieben Rocailles. Nehmen Sie die Fäden wieder zusammen, ziehen Sie die kleine Olive mit Sternchen, drei Rocailles, einen Glasstift, drei Rocailles, die kegelförmige Perle, die geschliffene Perle sowie eine weitere Rocaille auf.

Dann führen Sie die Fäden bis zur Olive mit Sternchen zurück durch alle Perlen. Trennen Sie die Fäden wieder, fädeln Sie auf jeden Faden sieben Rocailles auf, führen Sie sie wieder zusammen durch die dunkelgrüne Olive und fahren Sie wie oben beschrieben fort, bis die Kette auf beiden Seiten gleich lang ist.

Ziehen Sie auf die zweite Verschluss-Öse ebenfalls eine Rocaille auf und knoten Sie die Kette an die Öse.

Collier mit Glaskugeln

- **Glasstifte:** Hellgrün, Silbereinzug, 2 mm
- **Rocailles:** Hellgrün, transparent, ø 2,6 mm; Hellgrün, mit Silbereinzug, ø 2,6 mm
- **Glasperlen:** 9 x Hellgrün, transparent, ø ca. 8 mm
- Silberdraht, ø 0,25 mm
- Kettenverschluss, silber

Diese Kette besteht aus drei ca. 70 cm lange Stücken Silberdraht. Ziehen Sie die drei Stränge durch die Öse am Verschluss und verdrehen Sie die Enden gleichmäßig.

Auf einen Draht fädeln Sie zwei Glasstifte, auf den zweiten und dritten je zwei bis drei transparente Rocailles oder Rocailles mit Silbereinzug. Dann verdrehen Sie die Stränge schön gleichmäßig miteinander und fädeln wieder die oben genannten Perlen auf.

Haben Sie diesen Vorgang insgesamt sechsmal ausgeführt, führen Sie die drei Stränge durch eine große Glasperle und verdrehen sie über ihr.

Ziehen Sie nun auf jeden Strang wie oben beschrieben kleine Perlen auf, führen Sie dann wieder alle Stränge gemeinsam durch eine Glaskugel und verdrehen Sie die Drähte miteinander. So arbeiten Sie weiter, bis alle neun Glaskugeln verarbeitet sind.

Nun fädeln Sie wieder sechsmal die oben genannten kleinen Perlen auf und verdrehen dabei die Drahtstränge miteinander. Führen Sie den Draht durch die letzten Perlen noch einmal zurück und verdrehen Sie ihn gleichmäßig. Zum Verschließen der Kette können Sie den Haken in jeden beliebigen Draht einhängen.

Colliers mit Glaskugeln

Das blaue Collier ist eine Variante des grünen. Es erhält einen weiteren Perlenstrang, der auf einen dritten Faden aufgezogen wird. Die grüne Kette ist eher witzig, die blaue dagegen erinnert an Spitze.

Grünes Collier

- **Rocailles:** Hellgrün, transparent, ø 2,6 mm; Dunkelgrün, transparent, ø 2,6 mm
- **Glasperlen:** Hellgrün, transparent, ø ca. 4 mm; Dunkelgrün, mattiert, ø ca. 8 mm
- Schraubverschluss, silber
- Nylonfaden, transparent
- Nadel mit dünnem Öhr

Knoten Sie ein Ende des ca. 43 cm langen Fadens an ein Teil des Verschlusses. Ziehen Sie dann fünf dunkelgrüne Rocailles sowie eine hellgrüne Glasperle auf.
Diesen Vorgang wiederholen Sie 20-mal. Am anderen Ende bringen Sie nach fünf dunkelgrünen Rocailles das zweite Verschlussteil an. Denken Sie daran, die Knoten mit einem Tropfen Sekundenkleber zu sichern!

Nun werden die herunterhängenden Perlen angebracht. Dazu knoten Sie einen ca. 90 cm langen Faden an das eine Teil des Verschlusses und führen ihn durch die ersten fünf Rocailles.
Vor der größeren hellgrünen Perle fädeln Sie zwei hellgrüne Rocailles auf, eine dunkelgrüne Glasperle und eine weitere Rocaille.
Überspringen Sie die letzte Rocaille und führen Sie den Faden durch die Glasperle und die beiden Rocailles zurück.
Überspringen Sie oben an der Kette die größere hellgrüne Perle und ziehen Sie den Faden durch die nächsten fünf Rocailles der Kette.
So verfahren Sie, bis Sie das Ende der Kette erreicht haben. Nun wird das Ende des Fadens noch an den Verschluss geknotet und schon ist das Collier fertig.

Collier in Blau-Türkis

- **Rocailles:** Türkis, transparent, ø 2,6 mm; Dunkelblau, transparent, ø 2,6 mm
- **Glasperlen:** Türkis, geschliffen, ø ca. 5 mm; Dunkelblau, mattiert, ø ca. 5 mm; Türkis, mattiert, ø ca. 8 mm
- Kettenverschluss, silber
- Nylonfaden, transparent
- Nadel mit dünnem Öhr

Knoten Sie einen 50 cm langen Faden an ein Teil des Verschlusses. Fädeln Sie auf ihn immer abwechselnd fünf türkisfarbene Rocailles und eine dunkelblaue Glasperle auf. Dies machen Sie 26-mal. Fädeln Sie nochmals fünf türkisfarbene Rocailles auf. Anschließend knoten Sie den Faden an das zweite Teil des Verschlusses. Sichern Sie die Knoten mit Sekundenkleber!
Jetzt benötigen Sie einen zweiten, ca. 1 m langen Faden, den Sie ebenfalls an den Verschluss knoten. Ziehen Sie ihn bis zur ersten großen blauen Perle durch die türkisfarbenen Rocailles.
Vor der blauen Perle fädeln Sie auf: eine türkisfarbene, eine blaue, eine türkisfarbene Rocaille, eine geschliffene Glasperle und eine weitere blaue Rocaille.
Überspringen Sie die letzte Rocaille und führen Sie den Faden durch alle eben aufgezogenen Perlen zurück.
Überspringen Sie nun die große blaue Perle auf der Kette und führen Sie den Faden durch die fünf Rocailles auf der Kette bis zur nächsten blauen Perle.
So arbeiten Sie die gesamte Kette. Verknoten Sie dann den Faden am Verschluss.
Mit einem dritten, ca. 70 cm langen Faden wird nun der untere Perlenbogen aufgezogen. Knoten Sie ihn auch am Verschluss fest und führen Sie ihn durch die Kette sowie den ersten herunterhängenden Perlenstrang.
Dann fädeln Sie folgenden Perlen auf: vier türkisfarbene und eine blaue Rocaille, eine türkisfarbene, mattierte Glasperle, eine türkisfarbene Rocaille.

Überspringen Sie die zuletzt aufgenommene Rocaille und führen Sie den Faden durch die große Perle zurück.

Dann werden wieder Perlen aufgenommen: eine blaue, vier türkisfarbene Rocailles. Nun führen Sie den Faden durch die blaue Rocaille, die den zweiten herunterhängenden Perlenstrang der Kette abschließt und wiederholen die beschriebenen Arbeitsschritte.

So verfahren Sie weiter, bis Sie den letzten Spitzenbogen aufgezogen haben.

Führen Sie den Faden durch den letzten herunterhängenden Perlenstrang und durch die Rocailles auf der Kette zurück bis zum Verschluss und verknoten Sie ihn dann an diesem.

Gold und Kupfer

Die zarte, filigrane Kette wurde ganz einfach auf Kupferdraht aufgezogen. Durch die warmen, aufeinander abgestimmten Farbtöne wirkt sie besonders edel. Das dazu passende Armband wird in einer etwas aufwendigeren Nähtechnik (Anleitung Seite 36-38) hergestellt. Natürlich können Sie in der gleichen Technik wie die Kette auch ein passendes Armband aufziehen.

Kette

- **Rocailles:** *Verschiedene Brauntöne*
- **Glasperlen:** *Verschiedene Brauntöne, verschiedene Größen und Formen*
- *2 Messingperlen, ø ca. 4 mm*
- *Effektdraht, kupfer, ø 0,2 mm*
- *Kettenverschluss, gold*

Für diese Kette benötigen Sie neun ca. 70 cm lange Stücke Kupferdraht. Ziehen Sie die Drähte durch die Ösen am Verschluss und verdrehen Sie die Enden auf einer Länge von ca. 3 cm gleichmäßig miteinander.
Nun wird eine der Messingperlen aufgezogen. Sie wird fixiert, indem Sie die Drähte um die Perle herumlegen und noch einmal durch sie hindurchführen.
Nun ziehen Sie nach Belieben auf jeden der Drähte in unregelmäßigen Abständen eine oder mehrere Perlen auf. Damit sie nicht verrutschen, führen Sie den Draht noch einmal durch die Perle(n) hindurch.

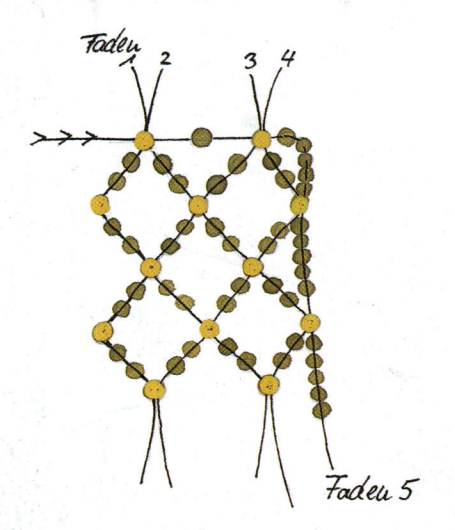

Haben Sie die gewünschte Länge erreicht, führen Sie die Drähte durch eine weitere Messingperle und fixieren sie. Ca. 3 cm weiter hängen Sie die Verschluss-Öse ein und verdrehen den Draht entlang des 3 cm langen Stückes, bis Sie an der Messingperle angekommen sind.

TIPP
In einer solchen filigranen Kette können Sie wunderbar Perlenreste verarbeiten. Sommerlich frisch wirkt sie, wenn Sie z. B. blaue Perlen auf Silberdraht aufziehen.

Armband

- **Rocailles:** *Gold, metallic, ø 2,0 mm*
  Topas, transparent, ø 2,0 mm
- **Glasperlen:** *1 x Topas, transparent, ø ca. 1 cm*
- *2 Metallperlen, ø 1 cm*
- *Reißfestes Garn, schwarz*
- *Nadeln mit dünnem Öhr*

Dieses genähte Armband wird nach dem gleichen Prinzip wie das violette Band auf Seite 37-38 gearbeitet. Schneiden Sie fünf ca. 50 cm lange Fäden zu.
Auf zwei Fäden ziehen Sie eine goldene Rocaille auf und schieben diese ca. 10 cm weit auf die Fäden. Diese fixieren Sie hinter der Perle mit etwas Klebefilm vor sich auf dem Tisch.
Trennen Sie nun die Fäden und ziehen Sie auf jeden von ihnen zwei topasfarbene, eine goldene und zwei weitere topasfarbene Rocailles auf.
Nehmen Sie die Fäden wieder zusammen und ziehen Sie eine goldene Rocaille auf, dann werden die Fäden wieder getrennt und Sie ziehen auf jeden wieder die oben genannten Rocailles auf.
So arbeiten Sie weiter, bis das Band ca. 17 cm lang ist. Als letzte Perle ziehen Sie auf beide Fäden eine goldene Rocaille auf. Fixieren Sie die Arbeit auch unten mit etwas

Klebefilm, damit die Perlen nicht mehr herausrutschen können.

Nun benötigen Sie zwei weitere Fäden, auf welche Sie zunächst wie oben beschrieben eine goldene Rocaille aufziehen. Die Fäden dann rechts neben dem schon aufgezogenen Strang am Tisch fixieren.
Der dritte und vierte Faden werden unterschiedlich verarbeitet. Auf den linken ziehen Sie zwei topasfarbene Perlen auf und führen ihn dann durch die goldene Perle auf Faden 2. Danach ziehen Sie auf den dritten Faden wieder zwei topasfarbene Rocailles auf.
Auf den vierten Faden fädeln Sie zwei Rocailles in Topas, eine goldene und wieder zwei topasfarbene Rocailles.
Dann werden der dritte und vierte Faden durch eine neu aufgenommene goldene Perle gezogen.
So verfahren Sie bis zum Ende des Fadens.

Zum Schluss wird der Rand aus goldenen Rocailles angebracht. Beginnen Sie links oben und ziehen Sie den fünften Faden durch die erste goldene Rocaille auf der kurzen Seite, dann ziehen Sie eine weitere goldene Rocaille auf und führen den Faden durch die zweite goldene Rocaille.

Fädeln Sie fünf goldene Rocailles auf und ziehen Sie den Faden durch die erste alleine stehende goldene Rocaille auf der rechten langen Seite.

Dann werden wieder fünf Rocailles aufgezogen und der Faden durch die nächste alleine stehende goldene Rocaille gezogen. So arbeiten Sie weiter, bis das Band komplett mit goldenen Perlen umrandet ist. Vernähen Sie den Faden durch einige Perlen.

Jetzt müssen Sie nur noch den Verschluss arbeiten. Nehmen Sie dazu das Band vom Tisch ab und teilen Sie die Fäden auf beiden Seiten in zwei Stränge. Auf diese ziehen Sie auf einer Seite je fünf topasfarbene Rocailles, führen Sie zusammen, ziehen die große Verschlussperle sowie eine goldene Metallperle auf. Führen Sie die Fäden durch diese zurück und verknoten Sie sie.
Auf der anderen Seite ziehen Sie für die Schlaufe auf jeden Strang acht Rocailles in Topas auf. Probieren Sie, ob sich die Verschlussperle durch diese Öse führen lässt. Dann wird auf beide Stränge eine goldene Metallperle gezogen. Führen Sie die Fäden wieder durch diese zurück, verknoten Sie sie und sichern Sie alle Knoten mit etwas Sekundenkleber.

Auf Draht fixiert

Bei diesen Drahtketten werden die Schmuckteile durch Quetschperlen fixiert (siehe Seite 7). Auf dem kleinen Foto sehen Sie eine Variante der Kette auf Seite 3 in Blau-Grün.

Ensemble in Grau

- **Glasperlen:** *Grau, mattiert und glänzend, verschiedene Formen*
- **Metallteile:** *Silber, Röhre, Blume, Herz, Oval, Stern, Perle*
- *Quetschperlen, silber*
- *Nylonummantelter Draht, silber*
- *Karabinerverschluss mit Kalotte, silber*

Kette

Die Kette besteht aus sieben Drähten, die zwischen 43 cm und 45 cm lang sind. Ca. 10 cm vom Rand entfernt werden die Perlen und Metallteile im Abstand von 4 cm bis 9 cm aufgezogen. Auf vier Drähten werden jeweils vier, auf drei Drähten jeweils drei Elemente befestigt.

Armband

Hierfür werden dieselben Materialien wie für die
Kette benötigt (außer Blumen und Röhren aus Metall).
Die Drähte für das Armband sind zwischen 18 cm und
18,5 cm lang. Sie benötigen vier Drähte, auf deren gesamte Länge jeweils vier Elemente im Abstand von ca.
3 cm aufgezogen werden. Verdrehen Sie die Drähte etwas miteinander, bevor Sie den Verschluss anbringen.

Ohrringe

- **Glasperlen:** *Grau, mattiert, 2 Scheiben, 2 runde und 4 flache Perlen*
- **Metallteile:** *Silber, Oval*
- *Nylonummantelter Draht, silber*
- *Quetschperlen, silber*
- *Ohrhänger, silber*

Schneiden Sie zunächst zwei jeweils 7 cm lange Stücke Draht zu. Legen Sie einen Draht zur Hälfte und ziehen Sie auf die beiden offenen Enden gemeinsam eine Quetschperle auf. Diese schieben Sie so weit nach oben, bis sich eine kleine Schlaufe bildet. Dann können Sie die Quetschperle zusammendrücken und die runde und die flache Perle, das Metalloval sowie die Scheibe aufziehen. Abschließend ziehen Sie noch eine weitere Quetschperle auf und fixieren diese durch Zusammendrücken. Nun können die überstehenden Enden ganz knapp unter der Quetschperle abgezwickt werden. Auf den Ohrhaken ziehen Sie die zweite Scheibe und hängen dann den Ohrring in den Haken ein.

Ganz in Blau

Diese Kette mit den dazu passenden Ohrringen ist ganz unkompliziert herzustellen und wirkt dennoch sehr interessant. Da eine große Perle als Verschluss dient, ist die Kette zudem sehr variabel.

Sie können sie als lange Halskette oder doppelt genommen als anliegendes Collier tragen. Außerdem lässt sich die große Verschlussperle durch jede der Schlaufen ziehen, so entsteht eine beliebig lange Y-Kette. Es bleibt Ihnen auch überlassen, die große Perle vorne oder hinten zu tragen.

Halskette

- **Glasstifte:** *Dunkelblau, Silbereinzug, 2 mm*
- **Rocailles:** *Hellblau, transparent, ø 2,6 mm; Mittelblau, Silbereinzug, ø 2,6 mm*
- **Glasperlen:** *1 x Dunkelblau, geschliffen, ø ca. 1,5 cm*
- *Perlendraht, schwarz, ø 0,4 mm*
- *Nadel mit dünnem Öhr*

Ziehen Sie eine hellblaue Rocaille in die Mitte des ca. 1,60 m langen Perlendrahtes. Fädeln Sie dann über beide Fäden die große Verschlussperle sowie abwechselnd je eine mittelblaue und eine hellblaue Perle auf.

Nachdem Sie sechs Perlen aufgezogen haben, trennen Sie die Fäden wieder und fädeln auf jeden vier Glasstifte auf. Dann führen Sie sie wieder zusammen und ziehen auf beide Fäden eine hellblaue, eine mittelblaue sowie eine hellblaue Rocaille auf.

Anschließend werden wieder auf jeden Faden vier Glasstifte aufgezogen. So arbeiten Sie weiter, bis die Kette ca. 76 cm lang ist.

Nachdem Sie die letzten Glasstifte aufgefädelt haben, nehmen Sie auf beide Fäden eine hellblaue Rocaille, verknoten den Perlendraht, führen ihn durch die Rocaille zurück, verknoten ihn noch ein- bis zweimal und verschweißen ihn dann vorsichtig.

Ohrringe

- **Glasstifte:** *Dunkelblau, Silbereinzug, 2 mm*
- **Rocailles:** *Dunkelblau, Silbereinzug, ø 2,6 mm*
- **Glasperlen:** *2 x Dunkelblau, geschliffen, ø ca. 1,5 cm*
- *2 Ohrhaken, silber*
- *Nylonfaden, transparent, ø 0,15 mm*
- *Nadel mit dünnem Öhr*

Zum Auffädeln der Ohrringe ist es hilfreich, den Faden auf eine dünne Nadel zu ziehen. Fädeln Sie zunächst fünf dunkelblaue Rocailles auf und positionieren Sie diese in der Mitte des Fadens. Ziehen Sie dann auf beide Fäden die große Perle auf, auf einen der Fäden werden dann vier Glasstifte und eine Rocaille gefädelt.

Führen Sie den Faden nun durch die Glasstäbe (die Rocaille wird übersprungen), die große Perle und die fünf Rocailles sowie durch die große Perle wieder zurück.

Auf die gleiche Art fädeln Sie dann nochmals vier Glasstäbe und eine Rocaille und je zweimal drei Glasstäbe und eine Rocaille, zwei Glasstäbe und eine Rocaille sowie einen Glasstab und eine Rocaille auf.

Wenn dabei der erste Faden zu Ende geht, lassen Sie ihn unter der großen Perle in einer Länge von ca. 5 cm hängen und arbeiten mit dem zweiten Faden weiter. Sobald alle Perlen aufgezogen sind, verknoten Sie beide Fäden

knapp unter der großen Perle, sodass der Knoten nicht mehr zu sehen ist. Zum Schluss biegen Sie den Ohrhaken mit einer Zange auf, hängen den Ohrring ein und biegen dann den Haken wieder vorsichtig zusammen.

TIPP

In dieser Technik können Sie noch ein passendes Armband anfertigen. Außerdem lässt sich der auf Seite 21 abgebildete Ring sehr gut mit dem Ensemble kombinieren.

19

Blau für Hals, Haar und Hand

Auch diese Kette ist in ihrer Herstellung sehr einfach. Mit den passenden Haarspangen wird sie auch junge Mädchen begeistern. Besonders hübsch ist der Material-Mix aus unregelmäßigen, gebrochenen, matten Perlenstückchen, matt-transparenten Glaswürfeln und glänzenden Rocailles.

Blaue Kette mit Glaswürfeln

- **Perlenstückchen:** *Kobaltblau, opak, mattiert, gebrochen*
- **Rocailles:** *Kobaltblau, opak, ø 2,5 mm*
- **Glaswürfel:** *Hellblau, transparent, mattiert, 8 mm*
- *Kunststoffummantelter Draht, silber*
- *Polyesterfaden, dunkelblau*
- *Kleiner Karabinerverschluss, silber*
- *Perlenwebnadel*

Die Kette hat insgesamt eine Länge mit Verschluss von 38 cm. Sie können die Kette natürlich auch länger machen, wenn Sie es nicht so halsnah lieben.

Sie benötigen ein Faden- und ein Drahtstück (ca. 50 cm lang). Fädeln Sie zuerst die gebrochenen, matten Perlenstücke auf das Drahtstück auf.

Dann fädeln Sie den Polyesterfaden in die Perlenwebnadel und ziehen diesen durch die ersten 15 gebrochenen Perlen durch.

Hier kommen Sie mit dem Faden wieder heraus und ziehen fünf blaue, glänzende Rocailles, einen hellblauen Glaswürfel und wieder fünf blaue Rocailles auf.

Stechen Sie nach den nächsten sieben gebrochenen Perlen den Faden wieder durch eine gebrochene Perle und fädeln Sie die nächsten Rocailles, in der Mitte den Glaswürfel usw. auf.

Durch die letzten ca. 15 gebrochenen Perlen ziehen Sie wieder den Faden, kürzen dann den Draht und den Faden und bringen den Karabinerverschluss mit der Flachzange und einem Tropfen Sekundenkleber an.

Haarspangen

- **Glasperlen:** *Mittelblau, geschliffen, ø ca. 4 mm*
- *Haarspangen, mit dunkelblauem Samt bezogen*
- *Perlendraht, schwarz*

Ziehen Sie ein zur Hälfte genommenes ca. 30 cm langes Stück Perlendraht durch das Ende der Spange. Dann legen Sie einen Faden links, den anderen rechts neben die Spange und ziehen auf jeden Faden eine Perle auf. Legen Sie die Perlen auf die Spange, kreuzen Sie beide Fäden, ziehen Sie sie unter der Spange durch und durch die Perlen wieder zurück auf die Oberseite der Spange. Nehmen Sie die Fäden zusammen und ziehen Sie eine Perle auf. Trennen Sie die Fäden wieder, überkreuzen Sie sie und führen Sie sie unter der Spange durch die Perle zurück auf die Oberseite. Nun werden wieder zwei Perlen aufgezogen und wie beschrieben angebracht.

So arbeiten Sie weiter, bis Sie die gewünschte Anzahl Perlen aufgezogen haben. Wenn Sie möchten, können Sie auf diese Art die ganze Spange verzieren. Zum Schluss ziehen Sie den Faden durch die Perlen zurück zum Anfang und verknoten ihn unter der Spange mehrere Male gut, evtl. verschweißen Sie ihn mit Hilfe eines Feuerzeuges oder eines Streichholzes.

Ring

- **Rocailles:** *Dunkelblau, Silbereinzug, ø 2,6 mm; Hellblau, Silbereinzug, ø 2,6 mm*
- **Glasperlen:** *1 x Dunkelblau, transparent, olivenförmig, ca. 1,3 cm lang*
- *Silberdraht, ø 0,25 mm*

Fädeln Sie auf einen ca. 1 m langen Draht zunächst die große Perle. Dann fädeln Sie dunkelblaue Rocailles für den Ring auf. Er sollte etwas weiter als Ihre eigentliche Ringweite werden, da er durch das Aufziehen weiterer Perlen noch etwas enger wird.

Schließen Sie den Ring, indem Sie das andere, lange Ende des Drahtes in die Gegenrichtung noch einmal durch alle Perlen (auch die große Perle) ziehen. Das kurze Ende wickeln Sie einige Male neben der großen Perle fest um den Ring.

Nun wird die gewölbte Platte gearbeitet. Fädeln Sie auf den Draht entsprechend der Länge der großen Mittelperle immer abwechselnd z. B. eine hell- und eine dunkelblaue Rocaille auf. In unserem Fall sind es zehn Rocailles. Dies kommt aber immer ganz auf die Größe der Mittelperle an.

Legen Sie den Draht an die Perle und verdrehen Sie ihn auf der anderen Seite am Draht des Ringes.

Dann ziehen Sie die gleiche Anzahl Rocailles für die andere Seite auf, legen sie auf der gegenüberliegenden Seite an die große Perle und befestigen den Draht wieder am Ring. Die erste Reihe der Platte ist fertig.

So arbeiten Sie weiter, wobei Sie in jeder Runde die Zahl der Rocailles um eine erhöhen. Den Draht verdrehen Sie zwischen den Rocailles am Ring, wobei Sie in jeder Runde den Draht eine Rocaille weiter unten fixieren.

Zum Schluss verdrehen Sie den Draht am Ring und zwicken das überstehende Ende ab.

Wie Sie die Platte farblich gestalten, bleibt Ihnen überlassen. Bei dem abgebildeten Ring wechseln sich eine dunkelblaue Reihe und eine Reihe mit dunkel- und hellblauen Perlen ab.

Auf Seite 23 sehen Sie eine farbliche Variante des Rings.

Fröhliches in Orange und Rot

Dieses Ensemble verbreitet frohe Laune, denn die Farben Orange und Rot lassen einfach keine schlechte Stimmung zu.

- **Rocailles:** *Orange, Silbereinzug, ø 2,5 mm*
- **Handgearbeitete Glasperlen:** *3 x Orange-Rot, länglich; 3 x Orange-Rot, rautenförmig*
- *Silberdraht, ø 0,25 mm*

Sie benötigen zwei Stücke Silberdraht, ca. 60 cm lang. Auf jedes Drahtstück fädeln Sie 12 orangefarbene Rocailles auf.

Dann nehmen Sie beide Drahtstücke zusammen und fädeln zehn Rocailles auf, teilen die Drähte wieder und nehmen auf jeden wiederum 12 Rocailles auf. Ziehen Sie beide Drähte durch eine längliche handgearbeitete Perle. Nun werden wieder beide Silberdrähte mit jeweils 12 Rocailles bestückt, dann durch eine rautenförmige Perle geführt usw.

Nach der letzten länglichen Glasperle verfahren Sie wie zu Beginn: jeweils 12 Rocailles auf beide Drähte ziehen, dann 10 Rocailles, durch die beide Drähte geführt werden, die Drähte wieder teilen und nochmals je 12 Rocailles aufziehen.

Nun arbeiten Sie eine Schlaufe für den Verschluss. Dafür kreuzen Sie die Drähte zweimal und ziehen auf jeden Draht ca. 12-13 Rocailles auf. Die 12. Rocaille fixieren Sie (siehe Skizze), indem Sie den Draht einmal vor und wieder zurück durch die Perle führen. Verstecken Sie die Drahtenden in den Perlen, nachdem Sie geprüft haben, ob die Schlaufe über die Rautenperle passt.

Für den Verschluss setzen Sie auf der anderen Seite die Rautenperle an, indem Sie beide Drähte durch die Raute und danach durch eine Rocaille führen. Beide Drähte werden nochmals durch die Rocaille gezogen, sodass diese fixiert ist. Dann mit den Drähten zurück durch die Raute und die Drahtenden fest unterhalb der Perle verzwirbeln. Die überstehenden Drahtenden mit einer Zange abknipsen.

Der Ring wird so gearbeitet, wie auf Seite 20/21 beschrieben.

Schlaufe

Draht kreuzen

Verschluss-Perle

Es scheint fast, als würden die Perlen schweben. Dieser Effekt wird durch den dünnen Silberdraht erzielt, auf den die Perlen aufgezogen werden. Wie es funktioniert, können Sie der Skizze entnehmen. Die Bänder werden recht elastisch und lassen sich in der Breite variieren.

- **Glasperlen:** *Verschiedene Blautöne, Größen und Formen*
- *Silberdraht, ø 0,2 mm*
- *Kettenverschluss, silber*

Halsband

Schneiden Sie zunächst neun ca. 50 cm lange Stücke Silberdraht zu. Da das Halsband recht eng am Hals liegen sollte, messen Sie vorher am besten aus, wie lang Ihr Band werden soll (zum Halsumfang mindestens 10 cm für das Anbringen des Verschlusses dazurechnen).

Befestigen Sie nun die Stränge mit Klebefilm in einem Abstand von etwa 2 cm voneinander vor sich auf Ihrem Arbeitstisch (mindestens 5 cm sollten hinter dem Klebestreifen liegen, daran wird später der Verschluss angebracht).

Nun beginnen Sie mit dem Auffädeln, indem Sie auf den linken äußeren Draht eine Perle aufziehen und den daneben liegenden Draht ebenfalls durch diese Perle führen.

Die nächste Perle ziehen Sie auf den rechten äußeren Draht und ziehen den daneben liegenden Draht durch sie hindurch.

Nun können Sie auf den dritten Draht von links außen eine Perle aufnehmen und den vierten Draht ebenfalls durch diese Perle hindurchführen. Genauso gehen Sie auf der anderen Seite vor.

Sie arbeiten weiter, indem Sie immer eine Perle aufnehmen und einen der benachbarten Drähte ebenfalls durch diese Perle ziehen. Ob Sie den linken oder rechten benachbarten Faden nehmen, bleibt Ihnen überlassen. Hier können Sie frei und ganz nach Ihrem Gefühl arbeiten. Sie sollten aber darauf achten, nur benachbarte Drähte durch eine Perle zu ziehen und keine Löcher entstehen zu lassen. Wenn die gewünschte Länge erreicht ist, können Sie alle Drähte durch eine etwas größere Perle ziehen. Verdrehen Sie anschließend auf einer Seite die Drähte gleichmäßig zu einer Öse, auf der anderen Seite führen Sie sie durch die Öse am Verschluss und fixieren sie ebenfalls durch

Verdrehen. Dann können die Drähte abgezwickt werden. Sie sollten die Enden möglichst flach drücken, damit sie später nicht kratzen.

Armband

Das Armband wird genauso gearbeitet. Die acht Drähte sollten ca. 30 cm lang sein. Messen Sie vorher den Umfang Ihres Handgelenkes.

Futuristischer Armreif

- **Glasperlen:** *Gemischtes Sortiment in unterschiedlichen Größen und Formen oder Reste; 2 x größere Perlen für den Verschluss*
- *Silberdraht, ø 0,35 mm*

Schneiden Sie sieben Stücke Silberdraht, je ca. 40 cm lang, zu. Verdrehen Sie auf einer Seite alle Drahtenden miteinander, dort werden später zwei größere Perlen als Verschluss angebracht.

Fixieren Sie die verdrillten Drähte vor sich auf dem Tisch und fädeln Sie ganz unterschiedliche Perlen immer auf zwei Silberdrähte auf. Nach jeder Perle(ngruppe) teilen Sie die Drähte wieder und bilden mit je einem anderen Silberdraht wieder ein Doppel. Anhand der Zeichnung sehen Sie, wie die Drähte durch die Perlen geführt werden.

Nachdem Sie alle Perlen aufgefädelt haben, verdrehen Sie auf der zweiten Seite die Drähte und biegen mit der Flachzange eine Schlaufe, die über die Perlen auf der anderen Abschlussseite passt. Bringen Sie zwei Verschlussperlen an, denn diese geben Ihnen die Möglichkeit, die Weite des Armreifs zu regulieren.

Colliers in Aqua-Tönen

Beide Colliers und die Ohrringe wirken sehr edel und wertvoll, sind aber einfach herzustellen. Je nachdem, ob Sie die Perlen Ton in Ton oder in Kontrastfarben auswählen, ist die Wirkung der Schmuckstücke eine ganz andere.

Spitzen-Collier mit großen Perlen

- **Glasstifte:** *Türkis, Silbereinzug, 2 mm*
- **Rocailles:** *Türkis, Silbereinzug, ø 2,6 mm; Hellblau, Silbereinzug, ø 2,6 m; Türkis, opak, gelüstert, ø 2,6 mm*
- **Glasperlen:** *15 x Türkis, geschliffen, pyramidenförmig, ø ca. 7 mm*
- *Schraubenschließe, silber*
- *Reißfestes Garn, dunkelblau*
- *Nadel mit dünnem Öhr*

Auf ca. 35 cm Garn fädeln Sie mit Hilfe einer dünnen Nadel abwechselnd 15-mal eine hellblaue, zehn türkisfarbene und eine hellblaue Perle auf. Der Faden sollte noch nicht verknotet werden, damit Sie später den Verschluss anbringen können. Lassen Sie ihn an beiden Seiten einige Zentimeter hängen, wobei Sie die Enden vorläufig mit etwas Klebefilm sichern sollten.

Ziehen Sie dann 1,40 m Garn durch die erste Perle und fädeln Sie auf diesen Faden für die erste „Spitze" zwei türkisfarbene, opake Rocailles, zwei türkisfarbene Rocailles mit Silbereinzug, einen Glasstift, zwei türkisfarbene, opake Rocailles, eine große Perle und eine weitere hellblaue Rocaille auf.

Dann führen Sie den Faden durch die große Perle zurück und ziehen zwei opake Rocailles, einen Glasstift, zwei türkisfarbene Rocailles und wieder zwei opake Rocailles auf. Anschließend wird der Faden durch die hellblaue Perle der Kette geführt.

Für die zweite „Spitze" fädeln Sie wieder die oben genannten Perlen auf und ziehen den Faden dann durch die nächste hellblaue Perle der Kette.

So verfahren Sie, bis Sie 15 „Spitzen" gearbeitet haben. Dabei sollten Sie darauf achten, den Faden nicht zu stramm anzuziehen, da die Kette sonst nicht schön fällt.

Wenn Sie bei der letzten Perle der Kette angekommen sind, knoten Sie an beide Seiten den Verschluss an. Zur Sicherheit können Sie die Knoten mit etwas Sekundenkleber fixieren.

Ohrringe

- **Glasstifte:** *Türkis, Silbereinzug, 2 mm*
- **Rocailles:** *Türkis, Silbereinzug, ø 2,6 mm; Hellblau, Silbereinzug, ø 2,6 m; Türkis, opak, gelüstert, ø 2,6 mm*
- **Glasperlen:** *15 x Türkis, geschliffen, pyramidenförmig, ø ca. 7 mm*
- *2 Ohrhänger, silber*
- *Reißfestes Garn, dunkelblau*
- *Nadel mit dünnem Öhr*

Auf 8 cm Garn fädeln Sie zwei opake, zwei türkisfarbene Rocailles, einen Glasstift, zwei opake Rocailles, die große Perle sowie eine hellblaue Rocaille auf. Führen Sie dann den Faden durch die große Perle zurück und fädeln Sie wieder zwei opake Rocailles, einen Glasstift, zwei türkisfarbene sowie zwei opake Rocailles auf. Verknoten Sie den Faden und hängen Sie den Ohrring an den Ohrhänger.

Wellen-Collier

- **Rocailles:** *Hellblau, transparent, Hexagon, ø 2 mm; Türkis, transparent, Hexagon, ø 2 mm; Hellblau, transparent, ø 2,6 mm*
- *Schraubenschließe, silber*
- *Nylonfaden, transparent, ø 0,15 mm*
- *Nadel mit dünnem Öhr*

Knoten Sie an ein Ende eines 45 cm langen Nylonfadens ein Teil des Verschlusses.

Nun werden zehn türkisfarbene, eine blaue und wieder zehn türkisfarbene hexagonförmige Perlen aufgefädelt,

bis Sie die gewünschte Länge erreicht haben. An das Ende knoten Sie das zweite Verschlussteil.
Jetzt knoten Sie einen ebenso langen Faden an den Verschluss und fädeln fünf türkisfarbene sowie eine hellblaue, runde Rocaille auf. So verfahren Sie weiter, bis
diese Kette genauso lang wie die erste ist. Dann wird das
Fadenende an den Verschluss geknotet.
Knoten Sie nun einen weiteren, ca. 50 cm langen Faden
an den Verschluss und ziehen Sie ihn durch die ersten
Perlen der Kette, auf welche Sie die runden Rocailles gefädelt haben. Führen Sie ihn durch die erste runde Perle,
fädeln Sie dann drei hellblaue, hexagonförmige Perlen
auf und ziehen Sie den Faden durch die erste hellblaue

Perle der zweiten Kette. Dann fädeln Sie drei weitere hellblaue Perlen auf und ziehen den Faden durch die zweite
runde, hellblaue Perle der anderen Kette. Fädeln Sie sieben hellblaue Perlen auf und ziehen Sie den Faden durch
die dritte runde Perle dieser Kette. So arbeiten Sie weiter,
bis Sie beide Ketten miteinander verbunden haben.
Abschließend wird der Faden an den Verschluss geknotet. Wenn Sie möchten, können Sie die Knoten mit etwas
Sekundenkleber sichern.

Achtung: Ziehen Sie den Faden nicht zu fest an, sonst
wellt sich die Kette!

Schlichte Schönheiten

Oftmals liegt gerade in der Schlichtheit die Schönheit der Dinge. Klar, einfach und doch sehr wirkungsvoll ist die Stiftperlenkette, die Sie innerhalb weniger Minuten aufgefädelt haben.

Die Kette in Schwarz-Türkis könnte Ihr Lieblingsstück werden, denn sie passt fast zu jeder Kleidung. Sie sieht schwieriger aus, als sie in ihrer Herstellung tatsächlich ist.

Stiftperlenkette

- **Glasstifte:** *Irisierend, transparent, twistet, 11 mm lang; Türkis, Silbereinzug, 6 mm lang*
- *Kunststoffummantelter Stahldraht, silber, ø 0,3 mm*
- *Kleiner Karabinerverschluss, silber*

Fädeln Sie im Wechsel immer eine transparente sowie eine türkisfarbene Stiftperle auf. Die Kette auf dem Foto ist mit Verschluss insgesamt 47 cm lang (aus 24 transparenten und 23 türkisfarbenen Stiftperlen). Sie können die Länge selbstverständlich variieren.

Schneiden Sie die Enden des ummantelten Drahtes zurecht und drücken Sie mit der Flachzange die Teile des Karabinerverschlusses fest. Mit einem Tropfen Sekundenkleber werden sie noch fixiert.

Kette in Schwarz-Türkis

- **Facettenperlen:** *19 x Türkis, ø 5-6 mm*
- **Rocailles:** *Anthrazit, Hexagon, ø 2,5 mm*
- *Polyesterfaden, schwarz*
- *Plastikschraubverschluss mit Metallgewinde, schwarz*
- *Perlenwebnadel*

Für diese Kette benötigen Sie insgesamt sechs Fäden, ca. 40-45 cm lang.

Auf einen Faden fädeln Sie, am besten mit einer Perlenwebnadel, die Hexagon-Perlen auf, die die Gesamtlänge der Kette bilden (170 Stück). Die Kette legen Sie nun als gerade Linie vor sich auf den Tisch.

Von der rechten Seite aus führen Sie den zweiten Faden durch 67 Hexagon-Perlen und lassen die Hälfte des Fadens an dieser Stelle hervorkommen und heraushängen.

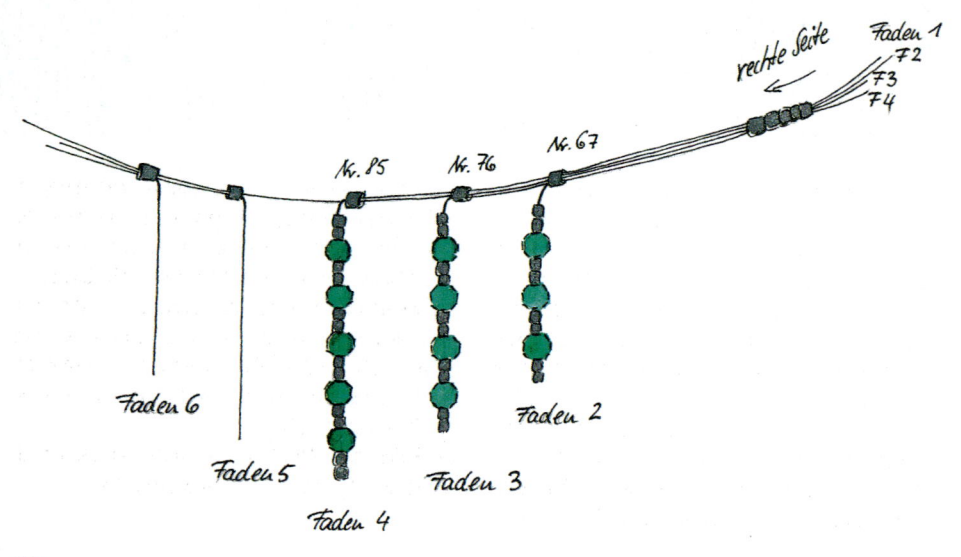

Denn auf die insgesamt fünf heraushängenden Fäden werden im Anschluss die Facettenperlen aufgefädelt.

Der dritte Faden kommt bei Hexagon-Perle Nr. 76 zum Vorschein und der vierte Faden bei Perle Nr. 85. Den fünften Faden führen Sie von der linken Seite aus durch 76 Hexagon-Perlen und lassen ihn dort zur Hälfte zum Vorschein kommen und der sechste Faden erscheint bei Perle Nr. 67.

Nun werden diese fünf heraushängenden Fäden bearbeitet. Auf Faden eins ziehen Sie eine Hexagon-Perle und stechen wieder zurück, damit diese fixiert ist. Dann eine weitere Hexagon-Perle aufziehen, eine Facettenperle, zwei Hexagon-Perlen, eine Facettenperle, zwei Hexagon-Perlen, eine Facettenperle, zwei Hexagon-Perlen und dann den gesamten Faden durch alle Hexagon-Perlen zurückführen zum späteren Verschluss (siehe Skizze).

Der zweite Faden erhält vier Facettenperlen, der dritte Faden fünf Facettenperlen, der vierte Faden wieder vier Facettenperlen und der fünfte Faden drei Facettenperlen. Durch die unterschiedliche Anzahl Facettenperlen wirkt die Kette wie ein Collier.

Die Fäden verknoten Sie am Schraubverschluss und fixieren sie mit einem Tropfen Sekundenkleber.

GEHÄKELTE SCHMUCKSTÜCKE

Gehäkelter Schmuck sieht einfach toll aus. Man kann vor allem innerhalb ganz kurzer Zeit wunderschöne Ergebnisse erzielen. Besonders gut zum Häkeln eignen sich alle sehr dünnen, glatten Drähte, aber auch Effektdraht. Alle dünnen Drahtsorten gibt es auf Rollen zu kaufen.

Für Schmuckstücke in dieser Technik benötigen Sie folgende Hilfsmittel:
- *Häkelnadel Nr. 3,5-4*
- *Flachzange*
- *Seitenschneider*
- *Maßband*
- *Sekundenkleber*

Sie haben zwei Möglichkeiten, Perlen in die Häkelarbeit zu integrieren:
1. Sie häkeln zuerst z. B. ein Halsband oder Armband aus lockeren Maschen, in der Breite, die Sie möchten, und in der Länge, die Sie benötigen. Die Perlen werden dann in einem zweiten Arbeitsgang auf ein Drahtstück aufgezogen und wiederum mit lockeren Maschen auf- oder angehäkelt.

2. Die Perlen werden sofort in das Schmuckstück eingehäkelt. Dazu müssen Sie zuerst die Perlen auf den Draht fädeln. Dann häkeln Sie aus dem Draht in lockeren Maschen das Objekt, wobei Sie die Perlen o. Ä. direkt in Ihr Schmuckstück mit einarbeiten.

TIPP
Sollte der Draht während des Arbeitens zu Ende gehen, häkeln Sie bis zum Ende einer Reihe, ziehen ihn durch die letzte Masche, schlingen ihn unauffällig etwas in die Häkelarbeit ein und zwicken ihn dann ab. Dann arbeiten Sie mit einem neuen Stück Draht weiter, dessen Ende Sie ebenfalls durch Verschlingen fixieren.

Ensemble in Orange und Blau

Durch den gekrinkelten Draht entsteht eine ordentliche Unordnung, die durch verschiedene Perlenformen, -farben und -größen verstärkt oder reduziert werden kann - wie Sie wollen!

- **Rocailles:** *Orange, gelüstert, ø 2,5 mm; Kobaltblau, transparent, mattiert, ø 2,5 mm*
- **Perlenstückchen:** *Kobaltblau, transparent, mattiert, gebrochen*
- *Effektdraht, silber, ø 0,2 mm*
- *Zwei Karabinerhaken, silber*

Halskette

Schneiden Sie drei sehr lange Effektdrahtstücke zurecht und ziehen Sie auf jeden Strang die unterschiedlichen Perlen im Wechsel auf.
Dann häkeln Sie aus jedem Drahtstück eine lockere Luftmaschenkette, wobei Sie in jede Luftmasche ein bis vier Perlen einarbeiten (Häkelnadel Nr. 3,5-4).
Alle drei fertig gehäkelten Luftmaschenketten verschlingen Sie lose miteinander und verdrehen die Drähte an

den Enden. Hier bringen Sie mit einer Flachzange die Verschlussteile an und geben zur Fixierung einen Tropfen Sekundenkleber in die Verschlusshülsen.

Armreif

Dieser wird wie die Kette gearbeitet. Auch er besteht aus drei Stücken Effektdraht, die jedoch etwas kürzer sind als die für die Kette.

TIPP
Probieren Sie ruhig auch mal Ketten mit unterschiedlich langen Luftmaschensträngen aus, die Sie nicht miteinander verschlingen oder die aus mehr als drei Häkelsträngen bestehen.

Filigraner Häkelschmuck

Dieses Ensemble wirkt sehr edel und filigran. Mit festlicher Kleidung ergibt sich ein harmonisches Gesamtbild. Zu Jeans und sportlicher Kleidung setzt es einen interessanten Kontrast.

- **Glasperlen:** *Weiß, transparent, mattiert, ø 5 mm*
  2 x Weiß, transparent, mattiert, tropfenförmig
- *Silberdraht, ø 0,2 mm*
- *Ohrhaken, silber*

Halsband

Das Halsband ist ca. 4 cm breit. Schlagen Sie ca. zehn lockere Luftmaschen an und häkeln Sie in groben, lockeren Maschen (feste Maschen, keine Stäbchen) beliebig viele Reihen, bis Sie die benötigte Länge erreicht haben (Häkelnadel Nr. 3,5-4). Denken Sie beim Messen auch an den Verschluss, der an einem Ende des Bandes mit zwei Schlaufen, durch die die tropfenförmigen Perlen passen müssen, angebracht wird. Diese zwei Schlaufen häkeln Sie an.

Schneiden Sie ein sehr langes Stück Silberdraht ab und fädeln Sie auf dieses ca. 30 runde Perlen auf. Die Perlen häkeln Sie nun an der einen langen Seite mit lockeren Maschen an.
Bei der zweiten langen Seite verfahren Sie genauso.

Für die Verschlüsse schneiden Sie zwei kürzere Stücke Silberdraht zu und ziehen ein Stück durch die Tropfenperle, dann durch eine runde Perle und durch die Tropfenperle wieder zurück, sodass diese fixiert ist. Dann führen Sie den Silberdraht (doppelt) noch durch eine zweite runde Perle und befestigen den Draht im gehäkelten Band. Mit dem zweiten Tropfenverschluss verfahren Sie ebenso.

Armreif

Die Breite des Armreifs können Sie selbst bestimmen. Der Reif auf dem Foto hat eine Breite von 3 cm. Dafür werden ca. sieben bis acht lockere Luftmaschen angeschlagen (Häkelnadel Nr. 3,5-4). Häkeln Sie so viele Reihen, dass Sie das Band gut über Ihre Hand streifen können, denn dieser Armreif hat keinen Verschluss, sondern wird nach Erreichen der gewünschten Länge mit lockeren Maschen zusammengehäkelt.
Wie beim Halsband fädeln Sie ca. 25 Perlen auf ein sehr langes Stück Silberdraht und häkeln die Perlen an der einen Seite an. Dann folgen die 25 Perlen auf der anderen Seite des Armreifs.

Ohrringe

Je Ohrring benötigen Sie ein Stückchen Silberdraht, auf das Sie 10 Perlen auffädeln. Schließen Sie den Perlendraht zu einem Kreis, indem Sie durch ca. 3 Perlen das Drahtende ziehen und verdrehen. Dann hängen Sie den kleinen Perlenkreis in den Ohrhaken ein. Das ist schon alles!

Interessanter Reif

Wer Schmuck halsnah liebt, sollte auf diesen Halsreif nicht verzichten. Durch die vielen Perlenformen und die lockere Umhäkelung ist er ein echtes Designerstück.

- **Glas:** *Würfel, Scheiben, Tröpfchen, Wellen und Röhrchen in verschiedenen Farben, transparent, mattiert*
- **Rocailles** *oder gebrochene Perlenstücke*
- *Fertiger Halsreif, silberfarben, mit mehreren gleich langen Strängen kunststoffummanteltem Stahldraht*
- *Effektdraht, silber*

Schneiden Sie ein sehr langes Stück gekrinkelten Silberdraht ab und ziehen Sie auf diesen im Wechsel die unterschiedlichen Perlen auf. Das Drahtende wickeln Sie mehrfach um das Ende der Kettenstränge unterhalb des Verschlusses und häkeln dann mit lockeren Maschen eine Perle nach der anderen um den Halsreif herum (Häkelnadel Nr. 3,5-4). Am Ende der Stränge angekommen, wickeln Sie das Drahtende unterhalb des Verschlusses mehrmals fest um die Kettenstränge.

Apartes in Türkis

Dieses zarte Ensemble in Türkis ist ungemein edel und erregt garantiert Aufmerksamkeit. Ganz einfach und recht schnell gehäkelt, wirkt es so schön, weil in ihm viele verschiedene Perlen und Pailletten, alle in Türkis-Schattierungen, verarbeitet wurden. Als festlicher Abendschmuck wertet es ein schlichtes Kleid oder Oberteil effektvoll auf. Sie werden bestimmt ungläubige Blicke ernten, wenn Sie erzählen, dass Sie diesen Schmuck selbst gemacht haben.

- **Rocailles:** *Türkis, verschiedene Sorten*
- **Glasstifte:** *Türkis, Petrol, 7 mm*
- **Glasperlen:** *Türkis, ø ca. 5 mm (für den Verschluss und zum Einhäkeln); 1 x Türkis, ø ca. 1 cm*
- **Pailletten:** *Jade, ø 8 mm*
- *Effektdraht, silber, ø 0,2 mm*
- *Drehverschluss, silber*

Kette

Achtung: Messen Sie vorher unbedingt den Umfang Ihres Halses aus. Je nachdem, ob Ihre Kette kürzer oder länger werden soll, müssen Sie die Länge der Drähte variieren.

Die Kette besteht aus sieben ca. 1 m langen Drähten. Beginnen Sie ca. 12 cm von einem Drahtende entfernt mit dem Häkeln von lockeren Luftmaschen (Häkelnadel Nr. 4). Im Abstand von einer bis drei Luftmaschen ziehen Sie nun jeweils eine Perle oder Paillette auf den Draht und häkeln diese mit ein. Dies wiederholen Sie so lange, bis der gehäkelte Strang ca. 35 cm lang ist. Alle weiteren Stränge werden ebenso gearbeitet.

Nehmen Sie nun auf einer Seite alle Drähte zusammen und verdrehen Sie sie auf einer Länge von ca. 7 cm gleichmäßig. Darauf ziehen Sie vier größere Glasperlen, die große Perle für den Verschluss und eine weitere größere Glasperle. Legen Sie den Draht zwischen die große und die zuletzt aufgezogene Perle und verdrehen Sie ihn an dieser Stelle gleichmäßig. Die überstehenden Enden können Sie mit einem Seitenschneider abzwicken. Auf der anderen Seite verdrehen Sie die Drähte wieder auf einer Länge von ca. 7 cm. Darauf ziehen Sie fünf der größeren Perlen.

Der restliche Draht wird zu einer Öse gelegt, durch die die große Perle auf der anderen Seite des Verschlusses passen muss. Sie müssen also die Öse der Größe Ihrer Verschlussperle anpassen.

Anschließend verdrehen Sie den Draht unterhalb der Öse gleichmäßig und zwicken die überstehenden Enden ab. Achten Sie darauf, die Enden gut festzudrücken, damit sie später nicht auf der Haut kratzen.

Armband

Es wird genauso wie die Kette hergestellt. Sie benötigen fünf ca. 38 cm lange Drähte. Ca. 5 cm Draht sollten an beiden Enden später übrig sein, um den Verschluss anbringen zu können. Die gehäkelten Stränge sind ca. 17 cm lang.

Während des Häkelns sollten Sie das Band immer wieder anprobieren, um zu überprüfen, ob es Ihnen passt. Zum Schluss werden die Drähte an beiden Enden miteinander verdreht. Legen Sie sie dann auf beiden Seiten zu einer kleinen Öse und ziehen Sie auf diese je ein Teil des Verschlusses. Dann verdrehen Sie die Drähte unterhalb der Öse, zwicken die überstehenden Enden ab und drücken diese fest.

TIPP

Für Schmuck in dieser Art können Sie sehr gut Perlenreste verwenden. Stellen Sie die Materialien nach Lust und Laune zusammen und verwenden Sie doch einmal goldenen Draht, den Sie z. B. mit roten Perlen kombinieren. Ihrer Fantasie sind keine Grenzen gesetzt!

GENÄHTE SCHMUCKSTÜCKE

Das Nähen mit Perlen ist eine recht aufwendige und etwas knifflige Technik, bei der Sie die Perlen auf mehrere Fäden aufziehen und diese miteinander vernähen. Die Mühe und Geduld lohnen sich aber in jedem Fall, denn es entstehen wunderschöne, sehr wertvoll wirkende Schmuckstücke. Außer dem hier abgebildeten Armband wurde auch das Armband auf Seite 15 in dieser Technik gearbeitet.

Für Schmuckstücke in dieser Technik benötigen Sie folgende Hilfsmittel:

- Dünne Nadel mit kleinem Öhr
- Schere
- Maßband
- Klebefilm
- Sekundenkleber

Dieses beiden Teile in aktuellem Violett erinnern an prächtigen orientalischen Schmuck. Die Y-Kette ist einfach und schnell gemacht, das Armband erfordert allerdings etwas Geduld. Aber die Mühe lohnt sich, denn gemeinsam bilden sie ein schönes Ensemble.

Y-Kette

- **Glasstifte:** Flieder, Silbereinzug, 2 mm
- **Rocailles:** Flieder, transparent, ø 2,6 mm
  Flieder mit Silbereinzug, ø 2,6 mm
- **Glasperlen:** 6 x Flieder, mattiert, ø ca. 6 mm
  1 x Flieder, transparent, ø ca. 4 mm
  3 x Rosa, transparent, geschliffen, ø ca. 3 mm
  1 x Flieder, transparent, geschliffen, ø ca. 8 mm
- Kettenverschluss, silber
- Nylonfaden, transparent, ø 0,15 mm
- Rundzange

Schneiden Sie ca. 54 cm Faden zu.
Nun fädeln Sie fünf transparente Rocailles, eine Rocaille mit Silbereinzug, einen Glasstift sowie eine Rocaille mit Silbereinzug auf.
Diesen Arbeitsschritt führen Sie insgesamt dreimal aus.
Jetzt ziehen Sie fünf transparente Rocailles und eine runde Glasperle (ø 6 mm) auf.
Dann folgen wieder fünf transparente Rocailles, eine Rocaille mit Silbereinzug, ein Glasstäbchen, eine Rocaille mit Silbereinzug, fünf transparente Rocailles und eine runde Glasperle (ø 6 mm).
Diesen Vorgang wiederholen Sie noch zweimal. Statt der größeren runden Perle ziehen Sie beim zweiten Mal allerdings folgende Perlen auf: die runde Glasperle (ø 4 mm), zwei transparente Rocailles, eine rosa Perle, zwei transparente Rocailles, eine rosa Perle, zwei transparente Rocailles, einen Glasstift, eine Rocaille mit Silbereinzug, die große geschliffene Perle, eine Rocaille mit Silbereinzug, einen Glasstift und eine rosa Perle.
Überspringen Sie die rosa Perle und fädeln Sie den Faden ab dem Glasstäbchen durch alle Perlen bis zur fliederfarbenen Perle (ø 4 mm) zurück.

Nun arbeiten Sie die zweite Seite der Kette genauso wie die erste, nur in umgekehrter Reihenfolge.
Sind Sie am Ende angekommen, verknoten Sie den Faden gut und sichern ihn mit etwas Sekundenkleber.
Biegen Sie die Ösen am Verschluss bzw. den Spaltring mit Hilfe einer Rundzange auf und ziehen Sie darauf jeweils die erste Perle der Kette. Anschließend werden die Ösen und der Spaltring wieder zugebogen.

Genähtes Armband

- **Glasstifte:** Flieder, Silbereinzug, 2 mm
- **Rocailles:** Flieder, transparent, ø 2,6 mm
- **Glasperlen:** Flieder, transparent, ø ca. 1 cm
- Reißfestes Garn, schwarz
- Nadeln mit dünnem Öhr

Zum Nähen des Bandes orientieren Sie sich bitte an der Skizze auf Seite 38. Ohne Verschluss ist das Band 15 cm, mit Verschluss 19 cm lang.
Schneiden Sie zunächst zwei ca. 35 cm lange Fäden zu.
Fädeln Sie auf sie gemeinsam eine Rocaille auf und schieben Sie diese so weit auf die Fäden, bis auf einer Seite nur noch ca. 10 cm überstehen. Legen Sie nun die Arbeit so vor sich auf den Tisch, dass die kurzen Fäden nach oben schauen und befestigen Sie sie über der Rocaille mit Klebefilm auf der Arbeitsfläche.
Trennen Sie die Fäden und ziehen Sie gemäß der Skizze auf jeden Faden einen Glasstift, eine Rocaille und einen Glasstift auf. Dann wird auf beide Fäden gemeinsam eine Rocaille aufgefädelt. Die Fäden werden nun wieder getrennt und Sie fädeln wieder auf jeden einzelnen Faden einen Glasstift, eine Rocaille und einen Glasstift auf. Die Fäden wieder zusammennehmen und eine Rocaille aufziehen.

So verfahren Sie weiter, bis die gewünschte Länge erreicht ist. Am Ende sollten ebenfalls ca. 10 cm übrig sein. Die Fadenenden befestigen Sie ebenfalls mit Klebefilm.

Nun folgt der nächste Arbeitsschritt. Schneiden Sie zwei weitere 35 cm lange Fäden zu, ziehen Sie auf beide gemeinsam eine Rocaille auf und fixieren Sie sie rechts neben dem Arbeitsstück wie oben beschrieben.
Mit den Fäden wird ab jetzt unterschiedlich gearbeitet. Der linke Faden, Faden 3 (in der Skizze orange), nimmt nun einen Glasstift auf, wird dann durch die auf Faden 2 (in der Skizze rot) liegende Rocaille gezogen und nimmt einen weiteren Glasstift auf. Auf Faden 4 (in der Skizze grün) fädeln Sie wie gewohnt auf: einen Glasstift, eine Rocaille, einen Glasstift.
Gemeinsam auf Faden 3 und 4 wird jetzt eine Rocaille gezogen. Trennen Sie die Fäden wieder und arbeiten Sie so weiter. Nach diesem Verfahren können Sie ein Band in jeder beliebigen Breite herstellen. Das abgebildete Armband besteht aus 12 Fäden.

Im nächsten Schritt wird der Rand aus Rocailles aufgezogen.
Schneiden Sie einen ca. 70 cm langen Faden zu (in der Skizze schwarz) und vernähen Sie ihn links oben durch einige Perlen. Mit dem Rand wird links oben auf der schmalen Seite mit der ersten Rocaille begonnen. Ziehen Sie den Faden durch sie und fädeln Sie drei Rocailles auf, dann führen Sie den Faden durch die nächste Rocaille usw. bis zum Ende der schmalen Seite.
Sind Sie bei der letzten Rocaille angekommen, fädeln Sie drei Rocailles auf und ziehen den Faden anschließend durch die erste alleine stehende Rocaille der langen Seite. Dann nehmen Sie immer sieben Rocailles auf, wobei Sie den Faden immer durch die alleine stehenden Rocailles führen.
So arbeiten Sie weiter, bis das ganze Band mit Rocailles gesäumt ist. Vernähen Sie zum Schluss den Faden durch einige Perlen.

Jetzt müssen Sie nur noch den Verschluss arbeiten. Dazu verwenden Sie die Fäden, die Sie an den schmalen Seiten zu Beginn 10 cm haben überstehen lassen.

Lösen Sie sie auf einer Seite und fassen Sie sie in gleichmäßigem Abstand zu vier Strängen zusammen.
Fädeln Sie auf jeden Strang fünf Rocailles auf, nehmen Sie je zwei benachbarte Stränge zusammen und ziehen Sie auf diese zwei weitere Rocailles auf.
Führen Sie die Fäden durch die zweite Rocaille zurück, wobei Sie die letzte überspringen und verknoten Sie den Faden unterhalb dieser.
Achtung: Überprüfen Sie, ob die Verschlussperle durch die Öse passt!

Auf der anderen Seite werden die Verschlussperlen angebracht. Auch hier werden die Fäden zu vier Strängen zusammengenommen.
Ziehen Sie auf jeden der Stränge zunächst drei Rocailles auf, nehmen Sie dann zwei nebeneinander liegende Stränge zusammen und fädeln Sie darauf drei Rocailles, eine große Perle und eine Rocaille auf.
Die Fäden werden durch die große Perle zurückgeführt, wobei die letzte Rocaille übersprungen wird. Jetzt verknoten Sie die Fäden mehrmals unterhalb der großen Perle. Sichern Sie die Knoten evtl. mit Sekundenkleber.

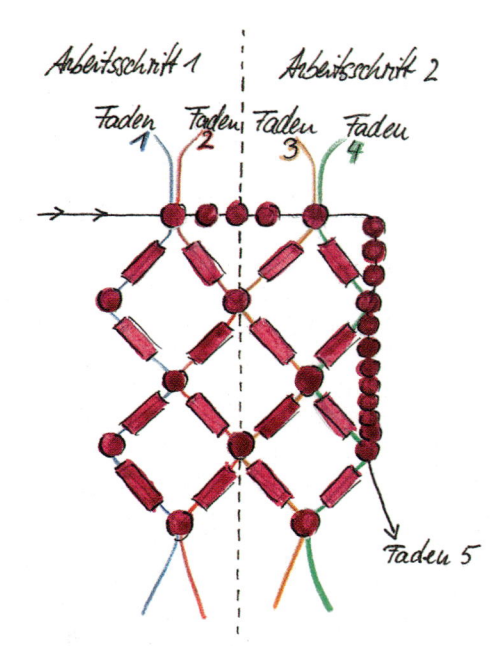

Es geht wirklich ganz einfach und ist sehr effektvoll, zeitlich jedoch etwas aufwendiger. Glasperlen werden Reihe für Reihe in ein Gerüst aus Kettfäden eingewebt und ergeben so ein beliebiges oder zuvor festgelegtes Muster.

Für Schmuckstücke in dieser Technik benötigen Sie folgende Hilfsmittel:
- Evtl. Karopapier und Buntstifte
- Perlenwebrahmen
- Perlenwebnadel oder Nadel mit dünnem Öhr
- Schere
- Maßband
- Sekundenkleber

So wird's gemacht:

Wichtigstes Hilfsmittel ist der Perlenwebrahmen, den es aus Holz oder Metall in Fachgeschäften zu kaufen gibt. Je mehr Kettfäden Sie auf den Webrahmen aufspannen, desto breiter wird das Band. Die Anzahl der Perlenreihen ergibt die Länge des Bandes.

Zum Entwerfen und Aufzeichnen des Musters eignen sich Karopapier und Buntstifte - jedes Quadrat steht für eine Perle und Sie sehen gleich anhand der ausgemalten Karos, ob Ihnen die farbliche Gestaltung gefällt.

TIPP

Sie können auch aus einem alten Bilderrahmen oder einer starken Kartonschachtel einen Webrahmen selbst herstellen.

In die Kartonschachtel machen Sie an den zwei schmalen Seiten im Abstand der Perlenbreite mit einem Cutter mindestens 20 Einschnitte, in die Sie die Kettfäden einspannen können. Bei einem alten Bilderrahmen schlagen Sie kleine Nägel im oben genannten Abstand ein (siehe Skizzen).

Zum Bespannen des Rahmens eignen sich dünner Perlonfaden oder Polyestergarn. Außerdem brauchen Sie noch eine Perlenwebnadel. Sie ist sehr dünn, in verschiedenen Längen erhältlich und hat ein schmales Öhr.

Webrahmen bespannen

Zunächst einmal müssen Sie den Webrahmen bespannen. Bei den handelsüblichen Holzwebrahmen (gesamte Perlenweblänge ca. 24 cm) empfiehlt es sich, die Fäden beim Aufspannen unter dem Perlenwebrahmen durchzuführen, damit für den Verschluss oder zum Vernähen mehr Fadenlänge zur Verfügung steht. Dazu spannen Sie direkt von der Fadenrolle fortlaufend so viele Kettfäden auf, wie Sie benötigen. Wenn alle Kettfäden aufgespannt sind, verknoten Sie den Faden unter dem Webrahmen und schneiden ihn ab.

Die Anzahl der Kettfäden ist immer um einen Faden höher als die Anzahl der Perlen pro Reihe. Wenn das Perlenband z. B. 15 Perlen breit sein soll, spannen Sie 16 Kettfäden auf, denn jede Perle wird auf beiden Seiten von einem Kettfaden begrenzt.

Muster weben

Das Weben selbst beginnen Sie mit einem ca. ein bis zwei Meter langen Faden, den Sie am linken, ersten Kettfaden verknoten.

Fädeln Sie dann die Perlen auf und führen Sie den Schussfaden unter den Kettfäden durch (Skizze 1). Mit dem Zeigefinger der freien Hand drücken Sie die aufgefädelten Perlen zwischen die Kettfäden nach oben und führen die Perlenwebnadel mit dem Faden von rechts nach links durch die einzelnen Perlen zurück - über den Kettfäden, das ist wichtig! (Skizze 2)

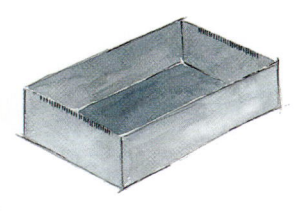

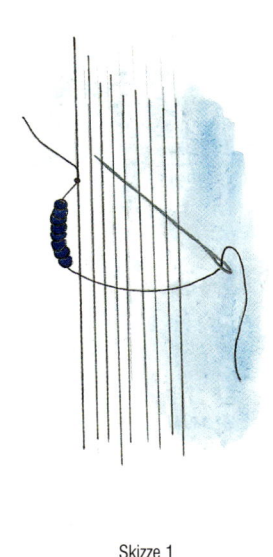

Skizze 1

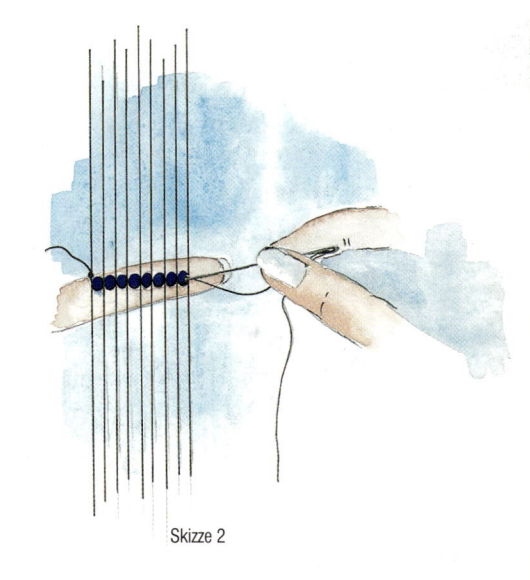

Skizze 2

Für die zweite Reihe nehmen Sie wieder die gleiche Anzahl Perlen auf, führen den Faden mit den Perlen von links nach rechts unter den Kettfäden durch, drücken die Perlen mit dem Finger in die Zwischenräume der aufgespannten Fäden und ziehen dann wieder den Faden über den Kettfäden durch die Perlen von rechts nach links zurück. Und so weiter und so weiter!

Die Perlenreihen sollten möglichst dicht nebeneinander liegen und der Schussfaden sollte immer gut angezogen werden.

TIPP

Achten Sie bei Bändern mit unterschiedlich großen Perlen jedoch darauf, die kleinen Perlen nicht zu fest zusammenzuschieben, damit das Band gleichmäßig breit wird.

Wenn der Schussfaden zu Ende geht, führen Sie diesen durch ein paar schon gewebte Reihen zurück, so ist er vernäht. Den neuen Faden verknoten Sie wieder auf der linken Seite des ersten Kettfadens und weben wie gehabt weiter.

Das ist wirklich schon alles. Nun kommt es nur noch auf Ihre Gestaltung an, denn die Bänder „leben" von den Mustern.

Fertigstellung

Armbänder ohne Verschluss

Um Ihre fertige Webarbeit vom Rahmen zu nehmen, schneiden Sie die Fäden, die unter dem Webrahmen aufgespannt sind, in der Mitte durch. Damit erhalten Sie rechts und links Ihres Bandes gleich lange Fäden.

Legen Sie das Band auf den Tisch und verknoten Sie nun jeweils die gegenüberliegenden Fäden miteinander. Dann wird es ein bisschen mühsam. Denn jetzt müssen Sie Faden für Faden in den Perlenreihen Ihres Bandes vernähen. Die Mühe lohnt sich jedoch, denn das Ergebnis ist einfach super!

Armbänder mit Verschluss

Etwas schneller geht's, wenn Sie einen Verschluss anbringen. Allerdings sollten Sie das von Anfang an einplanen, denn dadurch reduziert sich die Gesamtlänge Ihres Bandes beim Weben.

Edle Armbänder ohne Verschluss

Die Farbkombination Blau-Schwarz mit nur wenigen silbernen Perlen ist sehr harmonisch - zu Jeans das i-Tüpfelchen am Handgelenk. Das zweite Band hat die Farben des Südens eingefangen. Das Meer mit den verschiedenen Türkis-tönen und der tiefblaue Himmel. Ein echter Sommerhit!

Blau-schwarzes Armband

- **Rocailles:** *Kobaltblau, mattiert, ø 2,5 mm;*
  Schwarz, mattiert, ø 2,5 mm;
  Silber, opak, ø 2,5 mm
- *Polyesterfaden, dunkelblau*

Für dieses Armband spannen Sie 19 Kettfäden auf Ihren Rahmen. Damit Sie später mehr Fadenlänge zum Vernähen haben, wickeln Sie beim Aufspannen die Fäden unter dem Webrahmen durch.

Die Besonderheit dieses Armbandes ist, dass es keinen Verschluss hat, d. h., der Rapport des Musters muss so ausgetüftelt werden, dass er sich nach dem Vernähen ohne Unterbrechung fortsetzt. Dazu müssen Sie von Anfang an festlegen, wie lang Ihr Band werden soll, damit Sie es gut über die breiteste Stelle an Ihrer Hand schieben können.

Das abgebildete Zählmuster entspricht einer gewebten Länge von ca. 22 cm. Falls Ihnen das zu groß oder zu klein sein sollte, nehmen Sie entweder eine Perlenreihe heraus oder fügen eine dazu.

Dann stellen Sie das Armband fertig.

Das Zählmuster:

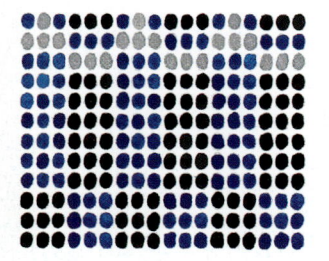

Blau-türkisfarbenes Armband

- **Rocailles:** *Türkis, transparent, Hexagon, ø 2,5 mm;*
  Dunkeltürkis, Silbereinzug, ø 2,5 mm;
  Kobaltblau, Silbereinzug, ø 2,5 mm;
  Silber, opak, ø 2,5 mm
- *Polyesterfaden, dunkelblau*

Sie spannen für dieses Armband 18 dunkelblaue Kettfäden auf Ihren Webrahmen und fädeln nach dem Zählmuster für jede Reihe 17 Perlen auf.

Das Armband erhält seine ganz besondere Wirkung durch die hexagonförmigen Rocailles in Verbindung mit den runden Rocailles für das Trapezmuster. Dieser Material-Mix wirkt sehr interessant und Sie sollten in Ihrer Planung ruhig ganz bewusst unterschiedliche Perlenformen und -längen berücksichtigen.

Bei diesem Band kann es passieren, dass durch die unterschiedlichen Perlenformen das Trapezmuster nach ein paar Webreihen nicht mehr in der gleichen Linie ist wie die Hexagon-Perlen. Dann weben Sie einfach als Ausgleich, um wieder eine gerade Weblinie zu erreichen, eine Reihe Hexagon-Perlen dazwischen und überspringen dabei das Trapezmuster. Um den gewünschten Umfang Ihres Handgelenkes zu erreichen, können Sie den Muster-Rapport auch etwas verkleinern, indem Sie die letzte Webreihe auslassen (und sofort wieder mit der ersten beginnen).

Auch dieses Armband hat keinen Verschluss, sondern wird vernäht.

Das Zählmuster:

Armbänder im Safarilook

Safari ist ein absolutes Trendthema. Warum also sollten Sie sich nicht im Zebramuster ein Perlenarmband weben? Die Zebrastreifen können Sie frei aus Ihrer Fantasie heraus arbeiten oder Sie benützen das Zählmuster als Vorlage.
Wer Brauntöne liebt, kommt um das Giraffenmuster nicht herum. Die Natur und die Fellzeichnung von Tieren liefern oft geniale Formen und Muster. Schauen Sie sich einfach in Ihrer Umgebung um und Sie werden erstaunt sein, welche tollen Vorlagen Sie von Blüten, Pflanzen etc. übernehmen können.

Armband mit Zebramuster

- **Rocailles:** *Schwarz, opak, ø 2,5 mm*
  Weiß, opak, ø 2,5 mm
- *Polyesterfaden, Schwarz*

Sie spannen 20 schwarze Kettfäden auf, legen sich das Zählmuster parat und legen los! In jeder Reihe befinden sich 19 Perlen.
Auch dieses Armband wird zum Schluss vernäht, sodass es wie ein Armreif wirkt.

Das Zählmuster:

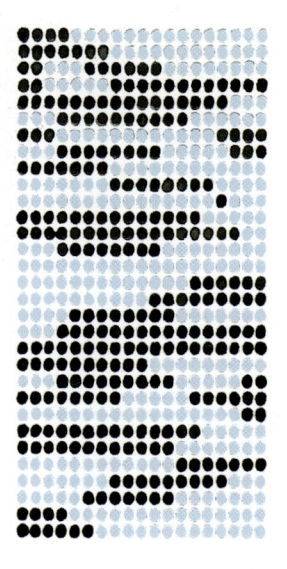

Giraffenmuster-Armband

- **Rocailles:** *Rehbraun, transparent, ø 2,5 mm*
  Beige, gelüstert, ø 2,5 mm
- *Polyesterfaden, Rehbraun*

Sie brauchen für dieses Armband 21 Kettfäden, d. h., jede Reihe besteht aus 20 Perlen.
Auch bei diesem Band verknoten und vernähen Sie zum Schluss die Fäden, damit das Band wie ein Armreif geschlossen ist.

Das Zählmuster:

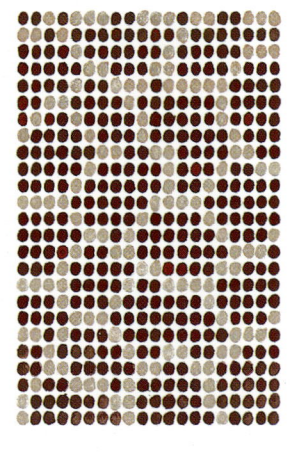

Diese beiden gewebten Bänder wirken besonders apart durch die Mischung unterschiedlichster Perlen. Dabei werden Glasstifte mit eingearbeitet. An ihrem Beispiel sehen Sie außerdem sehr schön, wie unterschiedlich Verschlüsse wirken.

Dunkelblaues Band

- **Glasstifte:** *Türkis, Silbereinzug, 2 mm*
- **Rocailles:** *Türkis, transparent, ø 2,6 mm; Hellblau, Silbereinzug, ø 2,6 mm; Dunkelblau, Silbereinzug, ø 2 mm; Türkis, Silbereinzug, ø 2,6 mm; Blutstein, opak, ø 2 mm*
- **Glasperlen:** *Blutstein, opak, ø ca. 4 mm*
  Mittelblau, geschliffen, ø ca. 4 mm
  2 x Mittelblau, mattiert, olivenförmig, ca. 1,5 cm lang
- *Reißfestes Garn, dunkelblau*

Die fertige Länge des gezeigten Armbandes beträgt 15 cm (ohne Verschluss). Sollten Sie ein längeres Band benötigen, können Sie das Muster einfach um einige Reihen verlängern. Ebenso ist es möglich, Teile des Musters auszulassen, wenn das Band kürzer werden soll. Bevor Sie mit dem Weben beginnen, sollten Sie unbedingt den Umfang Ihres Handgelenkes ausmessen!

Für dieses Band benötigen Sie 16 Kettfäden. Ziehen Sie zunächst 16 Glasstifte auf, dann spannen Sie die Fäden in den Rahmen.
Nun werden die Glasstifte in die Mitte der Fäden gezogen, sie bilden die Achse des symmetrischen Musters.

Das Band wird gemäß des Zählmusters aufgefädelt.
Es hat allerdings eine Besonderheit, die einen kleinen Trick verlangt: Da die Anzahl der größeren Perlen in einer Reihe geringer als die der kleinen Rocailles ist, müssen die 16 Kettfäden in diesen Reihen reduziert werden. Dies geschieht, indem Sie sie zwischen den größeren Perlen einfach doppelt legen.
So benötigen Sie in der Reihe mit den acht blutsteinfarbenen Perlen neun Kettfäden. Nehmen Sie zunächst die Perlen auf und legen Sie sie so unter die Kettfäden, dass an den Außenrändern je ein, zwischen den Perlen aber immer zwei Fäden liegen. Nun führen Sie wie gewohnt den Schussfaden über die Kettfäden durch die Perlen.

Die nächste Reihe kleiner Perlen weben Sie wieder wie gewohnt ein, dabei werden wieder die einzelnen 16 Kettfäden verwendet. Diese Reihe lässt sich etwas schwieriger weben, da die Trennung der vorher doppelt genommenen Fäden etwas knifflig ist.
In der Reihe mit den sechs blauen geschliffenen Perlen verfahren Sie genauso, nur werden hier auch die äußeren Kettfäden doppelt genommen, zudem müssen Sie hier zweimal drei Kettfäden zwischen einer Perle zusammennehmen.

Wenn Sie die eine Seite des Musters gearbeitet haben, schieben Sie die Glasstifte eng an die Webarbeit, führen den Schussfaden durch einen der äußeren Glasstifte und beginnen mit dem Weben der zweiten Seite.

Haben Sie das Band fertig gewebt, nehmen Sie es vom Rahmen. Auf einer Seite nehmen Sie je acht Kettfäden zusammen und verknoten sie zunächst eng am Band.
Ziehen Sie dann auf jeden der Stränge eine olivenförmige Perle sowie eine türkisfarbene Rocaille mit Silbereinzug auf.
Führen Sie die Fäden durch die olivenförmige Perle zurück, wobei Sie die Rocaille überspringen. Nun können Sie die Fäden unterhalb der Olive mehrmals verknoten. Sichern Sie die Knoten mit einigen Tropfen Sekundenkleber.

Auf der anderen Seite werden die Schlaufen angebracht. Nehmen Sie dazu die vier äußeren Kettfäden sowie ca. sechs Perlen davon entfernt nochmals vier Kettfäden zusammen.
Ziehen Sie auf die äußeren Stränge je sechs, auf die inneren je fünf türkisfarbene, transparente Rocailles auf.
Dann führen Sie jeweils die äußeren Fäden durch die Perlen auf den mittleren Fäden.

Die Fäden der mittleren Perlen führen Sie durch die Perlen auf den äußeren Fäden, so entstehen zwei Schlaufen. Ziehen Sie die Fäden gut an und verknoten Sie sie mehrmals knapp an der Webarbeit. Auch diese Knoten sollten Sie mit etwas Sekundenkleber sichern.

Bevor Sie die Schlaufen schließen, sollten Sie unbedingt probieren, ob sich die großen Verschlussperlen gut durch sie hindurchziehen lassen, aber nicht durch sie hindurchrutschen. Gegebenenfalls müssen Sie Rocailles hinzufügen oder weglassen.

Das Zählmuster:

Hellblaues Band

- *Glasstifte:* Hellblau, Silbereinzug, 2 mm
- *Rocailles:* Hellblau, Silbereinzug, ø 2,6 mm
  Hellblau, gelüstert, ø 2 mm
  Hellblau, opak, ø 2,6 mm
  Blutstein, opak, ø 2 mm
- *Reißfestes Garn, mittelblau*
- *Collierschließe, silber, vierreihig*

Ohne Verschluss ist dieses Band 15 cm lang, der Verschluss verlängert es noch um ca. 5 cm. Auch hier sollten Sie Ihr Handgelenk abmessen und das Band gegebenenfalls verlängern oder verkürzen.

Bevor Sie die 18 Kettfäden auf den Rahmen spannen, ziehen Sie 17-mal drei Glasstifte so auf, dass auf jeden Kettfaden drei Stifte zu liegen kommen. Einer der äußeren Kettfäden trägt keinen Glasstift.

Nun weben Sie das Muster gemäß der Zählvorlage, bis Sie zu den Glasstiften kommen.

Haben Sie die letzte Reihe vor den Glasstiften gewebt, führen Sie den Schussfaden durch einen der Glasstifte und weben die nächsten Reihen weiter, wobei Sie auch den Kettfaden ohne Glasstift mit einbeziehen. Achten Sie darauf, die Reihen mit Rocailles eng an die Glasstifte zu schieben.

Ab der mittleren Reihe mit Glasstiften wiederholt sich das Muster spiegelbildlich.

Ist die gewünschte Länge erreicht, nehmen Sie das Band vom Rahmen.

Jetzt wird der Verschluss angebracht. Dazu nehmen Sie auf jeder Seite die Kettfäden so zusammen, dass vier Stränge entstehen.

Diese werden zunächst eng an der Webarbeit verknotet. Ziehen Sie dann auf einer Seite auf jeden der Stränge drei gelüsterte Rocailles auf und knoten Sie sie an die Ösen am Verschluss. Denken Sie daran, die Knoten mit etwas Sekundenkleber zu sichern.

Auf der anderen Seite verfahren Sie genauso, nur werden hier je fünf Rocailles aufgezogen.

Die Anzahl der Rocailles können Sie variieren, je nachdem, wie lang das Band werden soll.

Das Zählmuster:

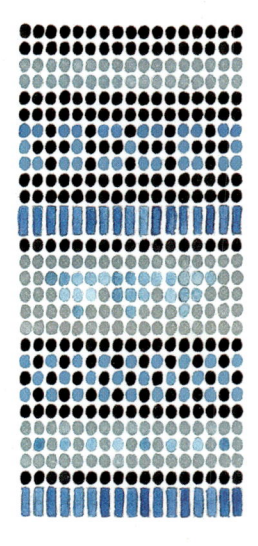